Sprache untersuchen

Texte verfassen

Ich – Du – Wir

1 In der Pause ist was los. Sprecht darüber.
Achtet auf die Gesichter und die Körperhaltung der Kinder.

2 Überlegt, was die Kinder sagen könnten.
Spielt die Szenen nach.

Hü, Pferdchen, hü!

Komm, ich helfe dir!

Das macht Spaß!

Spinnt ihr?

Das tut bestimmt weh!

3 Male eine Schulhofszene.
Schreibe in Sprechblasen, was die Kinder sagen.

Spiel- und Konfliktsituationen beschreiben und im szenischen Spiel erproben; Körpersprache deuten; Sprechbeiträge situationsangemessen planen

Geschichtenanfänge

1 Lies zuerst den Hauptteil der Geschichte.

Wenn es zur Pause klingelt, rennen alle Kinder auf den Schulhof. Viele laufen sofort zur Tischtennisplatte.

Gestern sah ich, dass Ali aus der 1. Klasse die Kinder auf dem Klettergerüst beobachtete. Ich dachte: Warum macht er nicht mit? Vielleicht traut er sich nicht?

Ich fragte Ali: „Willst du hochsteigen? Soll ich dir helfen?“
Ali kletterte langsam die Leiter hoch.
Ich hielt ihn an seiner Hose fest.

Endlich war er oben. Geschafft!
Ali winkte und schrie vor Freude.
Doch plötzlich wurde er still
und setzte sich ganz vorsichtig hin.
„Was ist los? Sollen wir runtersteigen?“,
fragte ich. Er schluchzte: „Ich kann nicht.
Ich habe solche Angst.“

Zum Glück kam in diesem Moment
unser Hausmeister auf den Schulhof.

2 Lies die Geschichtenanfänge.
Wähle den passenden aus und schreibe ihn auf.
Schreibe danach den ersten Absatz des Hauptteils ab.

3 Wähle einen Geschichtenanfang.
Schreibe die Schulhofgeschichte weiter.
Das Bild auf Seite 4 hilft dir.

In der Pause spielen Lina und Karl oft Tischtennis.

Einmal kämpften Paul und Fritz auf dem Schulhof.

Nach dem Klingeln stürmt Leon immer sofort zur Rutsche.

Nomen, Artikel, Einzahl, Mehrzahl

1 Schreibe den Text ab.
Ersetze die Bilder durch Nomen.

In der Pause wollen Katja und Mesut die  putzen.

Sie können aber den 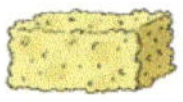 nicht finden.

Plötzlich fliegt ein  durch die Luft.

Katja wird am  getroffen. Wer war das?

Stefan verfolgt Jana, weil sie ihn geärgert hat.

Dabei stößt er an  und .

Jetzt fällt auch noch der  um.

2 Schreibe die eingesetzten Nomen in der Einzahl
und in der Mehrzahl in eine Tabelle. Benutze Artikel:

Einzahl	Mehrzahl
die Tafel	die Tafeln
…	…

> **Nomen** bezeichnen Menschen, Tiere, Pflanzen und Dinge.
> Nomen haben die **Artikel** der, die, das, ein, eine.
> Nomen können in der **Einzahl** und in der **Mehrzahl** stehen:
> der Tisch – die Tische, die Tafel – die Tafeln, das Heft – die Hefte.

3 Passt der, die oder das? In jeder Reihe ist ein Kuckucksei.
Schreibe nur die Nomen mit dem gleichen Artikel ab:
der Papierkorb, …

Papierkorb Schwamm Stuhl Lineal

Brotdose Bild Schultasche Trinkflasche

Tafel Heft Spiel Klassenzimmer

4 Schreibe die vollständigen Nomen in der Einzahl und Mehrzahl auf.
Achte auf die Umlaute: der Raum – die Räume, …

der R _ m	die B _ nk	der K _ pf	der Z _ g
das H _ s	der St _ ck	das T _ ch	das L _ nd

Kennzeichen von Nomen wiederholen:
Großschreibung, Artikel, Einzahl, Mehrzahl;
Umlaut bei ausgewählten Mehrzahlformen

Satzarten

1 Lest das Streitgespräch mit verteilten Rollen.
Achtet auf die Betonung der Sätze.

Nach **Aussagesätzen** steht ein **Punkt**: Die Kinder spielen Ball.
Nach **Fragesätzen** steht ein **Fragezeichen**: Spielst du mit?
Nach **Aufforderungssätzen** steht ein **Ausrufezeichen**: Gib her!

2 Schreibe das Gespräch auf. Setze die Satzschlusszeichen:
Woher hast du … .

3 Lies den Text laut und deutlich.
Mache nach jedem Satz eine Pause.

luis und emma spielen gern zusammen aber heute in der pause streiten sie sich um den ball emma ist richtig sauer am liebsten würde sie luis eine ohrfeige verpassen sie brüllt ihn an luis zittert vor lauter wut da holt kai schnell die streitschlichter die beiden sollen sich wieder vertragen

4 Schreibe den Text auf. Mache nach jedem Satz einen Punkt.
Nomen und Satzanfänge werden großgeschrieben: Luis und Emma …

Ordnen und nachschlagen

1 Lest die Listen der Kinder.

2 Ordne die Verben auf jedem Plakat nach dem ABC:
arbeiten, …

3 Ordne die Wörter aus jedem Kasten nach dem ABC.
Male den 4. Buchstaben an: verdienen, …

versprechen	ausmalen	wegwischen
verraten	ausdenken	weggehen
verdienen	ausschlafen	weglaufen
verlieren	austrinken	wegfahren

4 Ordne die Wörter aus jedem Kasten nach dem ABC:
Laub, laufen,…

laufen	Ball	Reise	pflücken
Laub	bald	reich	Pflaster
laut	Balkon	reiten	pflanzen
lauschen	Ballon	Reim	pflegen

5 Schlage die Wörter aus Aufgabe 4 in der Wörterliste nach.
Unterstreiche die Wörter, die nicht in der Wörterliste stehen.

S. 86

Hier üben wir

1 Übe den Text: oder oder oder .

Manchmal gibt es Streit

Gestern gab es in der Pause einen bösen Streit.
Keiner weiß, wie er angefangen hat.
Auf einmal schrie Leon Jenny an.
Jenny schlug Leon auf den Rücken.
Plötzlich lag sie am Boden.
Da holte Kai die Streitschlichter.
Die hörten sich an, was passiert war.

Was denkst du: Werden Jenny und Leon ihren Streit bald vergessen können?

der Streit
der Rücken
es gab
er weiß
sie schrie
sie schlug
sie lag
du denkst
anfangen
passieren
vergessen
plötzlich
ihren

2 Schreibe die Reimwörter auf: schlug, …

schlug	denkst	vergessen
Z	sch	m
Kr	l	fr

3 Schreibe alle Verben aus dem Text auf: gibt, gab, …

4 Schreibe die Fragen. Antworte in ganzen Sätzen:
Wer hatte einen Streit? Leon und …

Wer hatte einen Streit? Wann gab es einen Streit? Wen holte Kai?
Wer lag am Boden? Was machten die Streitschlichter?

5 Schreibe den Text mit den richtigen Satzschlusszeichen ab.
Schreibe Nomen und Satzanfänge groß: Plötzlich gibt es …

plötzlich gibt es streit
leon schreit jenny an
jenny schlägt leon auf den rücken
kai holt die streitschlichter
können sie helfen, den streit zu beenden

Herbst

1 Im Herbst kann das Wetter ganz unterschiedlich sein.
Erzählt zu den Bildern.

2 Welches Herbstwetter magst du am liebsten?
Berichte, was du an solchen Herbsttagen gerne tust.

Mein Lieblingswetter im Herbst ist …

3 Male ein Bild zu einem Herbsttag und schreibe dazu.

durch Bilder angeregt über Herbstwetter sprechen,
persönliche Wettervorlieben benennen;
zu einem Herbsttag malen und schreiben

Gedichte

1 Lest das Gedicht. Lernt eine oder mehrere Strophen auswendig. Tragt sie in der Klasse vor.

Die Geschichte
vom fliegenden Robert

Wenn der Regen niederbraust,
wenn der Sturm das Feld durchsaust,
bleiben Mädchen oder Buben
hübsch daheim in ihren Stuben.
Robert aber dachte: „Nein!
Das muss draußen herrlich sein!“
Und im Felde patschet er
mit dem Regenschirm umher.

Hui! Wie pfeift der Wind und keucht,
dass der Baum sich niederbeugt!
Seht! Den Schirm erfasst der Wind,
und der Robert fliegt geschwind
durch die Luft so hoch, so weit.
Niemand hört ihn, wenn er schreit.
An die Wolken stößt er schon
und der Hut fliegt auch davon.

Schirm und Robert fliegen dort
durch die Wolken immerfort.
Und der Hut fliegt weit voran,
stößt zuletzt am Himmel an.
Wo der Wind sie hingetragen,
ja, das weiß kein Mensch zu sagen.

Heinrich Hoffmann

2 Betrachte die Bilder. Überlege, wohin Robert getragen wird. Male, was weiter geschieht.

3 Schreibe auf, wie die Geschichte ausgeht.

Verben

1 Schreibe den Text ab. Unterstreiche die Verben:
So entsteht Wind: …

So entsteht Wind:
Den Antrieb für Wind liefert die Sonne.
Sie erwärmt die Luft am Boden.
Die warme Luft steigt in die Höhe.
In den freien Raum darunter strömt
kältere Luft aus anderen Gebieten.
Es entsteht ein Luftstrom.
Diesen Luftstrom nennen wir Wind.

Wörter, die sagen, was jemand tut oder was geschieht, nennt man **Verben**: erwärmen, steigen, strömen.

2 Je stärker der Wind weht, desto mehr Geräusche macht er auch.
Ordne die Verben danach, wie stark der Wind weht:
weniger stark: hauchen, …
sehr stark: toben, …

toben hauchen sausen blasen pfeifen

jagen stürmen wehen heulen hinwegfegen

3 Finde die Verben, die in den zusammengesetzten Nomen stecken:
das Donnerwetter – donnern, …

das Donnerwetter der Kugelblitz der Wettersturz

der Regenschirm der Wetterbericht

das Schutzdach der Windmesser der Herbststurm

Kennzeichen von Verben wiederholen; Verben nach semantischen Kriterien ordnen; in zusammengesetzten Nomen versteckte Verben entdecken

Grundform und Personalform

1 Schreibe den Text ab und setze die Verben richtig ein:
Tobias schaut …

Tobias ▢ zum Himmel.
Dort oben ▢ dicke Wolken.
Bald wird es ▢.
Ob er es noch rechtzeitig nach Hause ▢?
Tobias ▢ seine Mütze auf und ▢ los.
Da ▢ auch schon die ersten Tropfen.
Tobias ist pitschenass, als er nach Hause ▢.

schafft
fallen
schaut
regnen
ziehen
rennt
setzt
kommt

2 Schreibe die Verben **kommen** und **rennen** in allen Personalformen auf:
ich komme, ich renne
du …
er/sie/es …
wir …
ihr …
sie (alle) …

Verben haben eine **Grundform**: ziehen.
Verben haben verschiedene **Personalformen**:
ich ziehe, du ziehst, er/sie/es zieht,
wir ziehen, ihr zieht, sie (alle) ziehen.

Personalformen würfeln

So wird es gemacht:
- Schreibt die Grundformen auf Kärtchen.
- Zieht eine Wortkarte.
- Würfelt und schreibt die passende Personalform auf.

ziehen, tanzen, tragen, fallen, rennen, jagen, schieben, kommen

 = ich
 = du
 = er/sie/es
 = wir
 = ihr
 = sie (alle)

Verlängern: b, d, g am Wortstammende

1 Lies den Text.

Heute ist ein schöner Tag im Herbst.
Der Wind treibt die Blätter über das Feld.
In roten, gelben und braunen Farben
hat der Herbst das Laub gefärbt.
Es glänzt bunt in der Sonne.
Julian geht den Weg entlang.
Er hebt Blatt für Blatt auf
und legt es in seinen Korb.
Daheim klebt er mit den Blättern ein Bild.
Besonders schön findet er Laubmännchen.

2 Schreibe alle roten Nomen ab.
Finde in den Blättern die passende Verlängerung:
Tag – Tage, …

3 Schreibe alle grünen Verben ab.
Finde in den Körben die passende Verlängerung.
treibt – treiben, …

4 Nutze die Verlängerung zum richtigen Schreiben.
Schreibe zuerst die Verlängerung: jagen – er jagt, …

er ja t	du blei st	es flie t
sie lie t	es hän t	sie rei t
er le t	sie schwe t	er wie t

S. 96 Richtig schreiben

Rechtschreibhilfe Wortverlängerung kennen lernen; auf Wörter aus dem Übungswortschatz anwenden

Hier üben wir

1 Übe den Text: oder oder oder .

Herbst

Die Blätter fallen von den Bäumen.
Der Wind lässt sie tanzen. Am Himmel ziehen Wolken.
Auf dem Kirchturm dreht sich der Wetterhahn.
Die Luft ist frisch. Anne trägt eine Mütze.
Sie schlägt den Kragen ihrer Jacke hoch.
Dann schiebt sie die Hände in die Taschen.

Jetzt wird ihr warm.
Sie macht sich auf den Weg.

das Blatt
der Wind
der Kirchturm
der Hahn
die Mütze
die Jacke
der Weg
er dreht
sie trägt
sie schlägt
sie schiebt
tanzen
ziehen
jetzt

2 Tausche die Verben. Bilde sinnvolle Sätze:
Der Wetterhahn dreht sich auf dem …

Der Wetterhahn	ziehen	sich auf dem Kirchturm.
Der Wind	schlägt	die Blätter tanzen.
Anne	lässt	eine warme Mütze.
Sie	trägt	den Jackenkragen hoch.
Regenwolken	dreht	am Himmel.

3 Schreibe die Verben aus Aufgabe 2 mit der Grundform auf:
ziehen – ziehen, …

4 Schreibe die Verben in allen Personalformen:
ich tanze, du tanzt, er/sie/es …

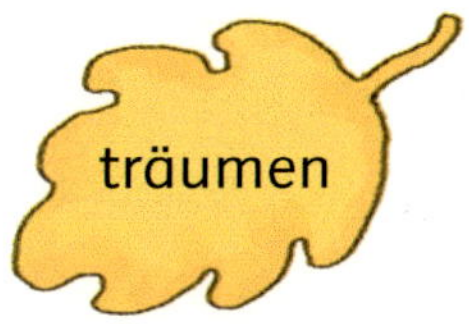

ich
du
er/sie/es
wir
ihr
sie (alle)

Natur entdecken: Pflanzen

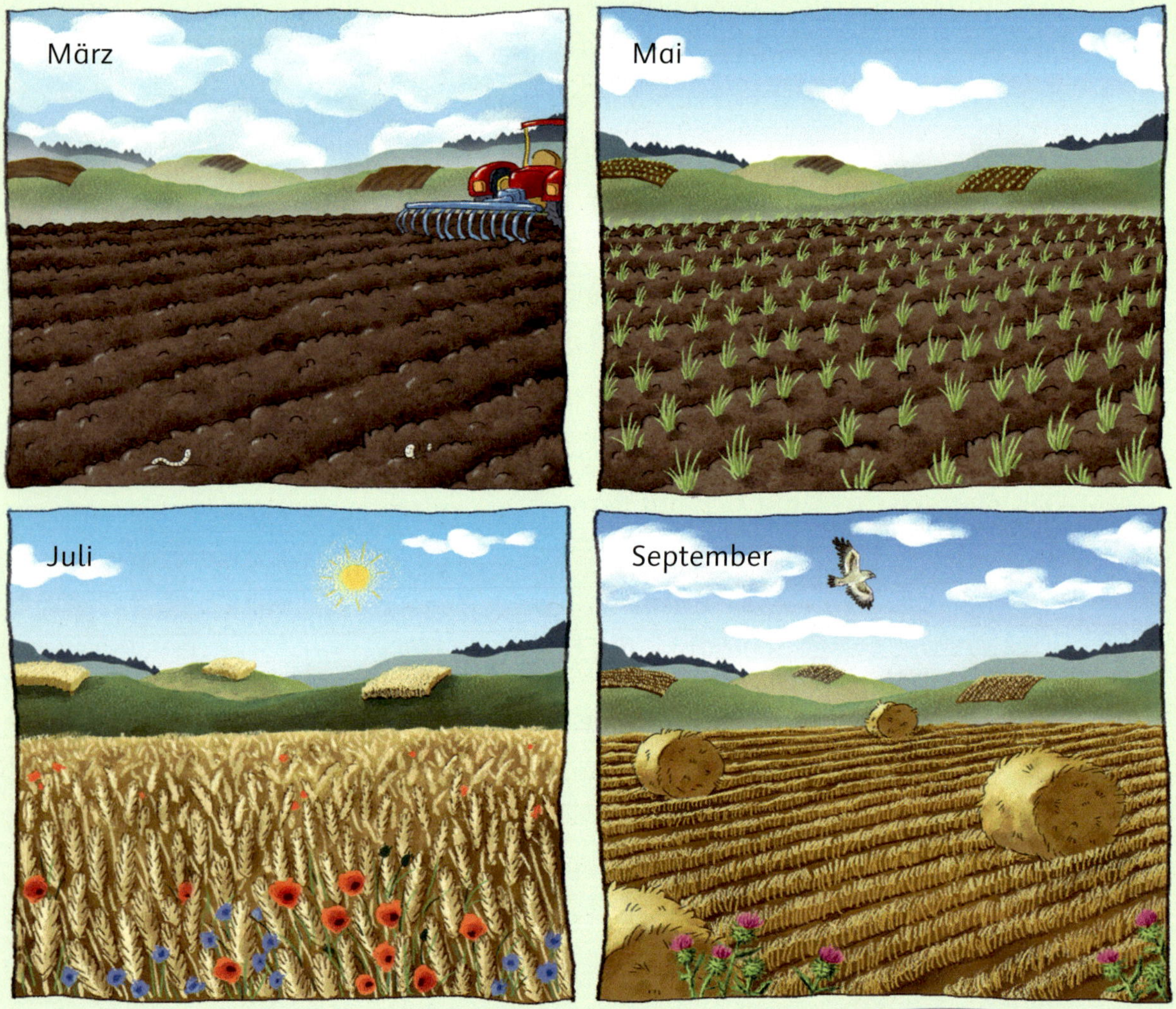

1 Wie verändert sich das Feld im Jahreslauf?
Seht euch die Bilder an und erzählt.

Im März wird das Feld gepflügt. …

2 Welche Feldpflanzen entdeckt ihr?
Kennt ihr noch andere? Notiere die Pflanzennamen und zeichne passende Bilder: Mohnblume …

Mohnblume | Getreide | Kornblume | Distel

Beobachtungen wiedergeben;
Sachverhalte beschreiben;
Pflanzen entdecken und benennen

Stichworte für Sachtexte

1 Viele Lebensmittel werden aus Getreide hergestellt.
Sammelt an der Tafel, welche ihr kennt.

2 Lest den Text. Sprecht über Wörter, die ihr nicht versteht.

Pflanzen, die Körner in Ähren tragen, heißen Getreide.
Wir essen die Körner oder verwenden sie als Tierfutter.
Bei uns in Europa werden vor allem Weizen, Roggen, Hafer,
Gerste und Mais angebaut. Reis wächst in wärmeren Ländern.

Weizen ist unser wichtigstes Brotgetreide.
Aber auch anderes Gebäck und Nudeln werden
aus Weizenmehl hergestellt. Die Hälfte
des geernteten Weizens wird an Tiere verfüttert.

Hafer ist ein Nahrungsmittel für Menschen
und Tiere. Dazu werden die Haferkörner
zu Haferflocken gepresst. Wir essen sie gerne
im Müsli oder im Haferflockenbrei.

Mais wurde im 15. Jahrhundert von Kolumbus
aus Südamerika nach Europa gebracht.
Mit dem Mais, der in Deutschland angebaut wird,
füttern die Bauern im Winter ihre Tiere.
Der Gemüsemais, den wir Menschen essen,
stammt aus Frankreich oder Amerika.

Reis ist die älteste Getreidesorte. Reis ist
für viele Menschen ein wichtiges Nahrungsmittel,
zum Beispiel in Indien oder China. Man isst dort
manchmal drei Reismahlzeiten am Tag.

3 Wähle einen Absatz aus. Notiere wichtige Stichwörter.
Erzähle einem Partnerkind mit Hilfe deiner Stichwörter
zum Bild neben dem Text.

Weizen
Brotgetreide
Nudeln
...

Getreideprodukte sammeln; Texte lesen, Verständnisprobleme klären; Stichwörter notieren; mit Hilfe von Stichwörtern zu einem Bild informieren

Texte verfassen S. 134

Adjektive

1 Lest den Text. Klappt das Buch zu und erzählt, wie Getreide angebaut wird.

Im Herbst wird der leere Acker vom Bauern gepflügt.
Früher zogen starke Ochsen oder Pferde den Pflug.
Heute macht das ein großer Traktor.
Die Egge zerkleinert die harten Erdschollen.
Dann sät die neue Sämaschine das Korn.
Langsam wachsen die jungen Triebe.
Kleine Wurzeln graben sich in den Ackerboden.
Im nächsten Frühling geht die neue Saat auf.

2 Schreibe die farbigen Wörter ab. Unterstreiche die Adjektive:
der leere Acker, …

Adjektive beschreiben, wie etwas oder jemand ist.
Wenn Adjektive vor Nomen stehen, verändern sie sich:
Der Acker ist leer. – der leere Acker

3 Schreibe den Text mit den passenden Adjektiven:
Im Spätsommer steht das goldgelbe …

Im Spätsommer steht das ___ Korn auf dem Acker.
Der Bauer fährt mit einer ___ Maschine auf das Feld.
Er mäht das ___ Korn und drischt es.
Die ___ Körner kommen in die Mühle.
Dort werden sie zu ___ Mehl gemahlen.
Körner ohne Schale werden zu ___ Mehl,
Körner mit Schale zu Vollkornmehl gemahlen.

goldgelbe
reife
großen
losen
weißem
feinem

4 Erkläre die zusammengesetzten Adjektive:
goldgelb – gelb wie Gold, bildschön – schön wie …

goldgelb	bildschön	himmelblau	rabenschwarz
kugelrund	feuerrot	bienenfleißig	steinhart

Kennzeichen von Adjektiven wiederholen;
Adjektive in Texten verwenden;
zusammengesetzte Adjektive erklären

Adjektive mit -ig und -lich

1 Was kauft ihr beim Bäcker ein?
Sammelt Brotsorten und Brötchensorten an der Tafel.

2 Schreibe den Text ab.
Unterstreiche alle Adjektive mit **-ig** und **-lich**:
Marie soll …

Marie soll für das Frühstück beim Bäcker einkaufen.
Ganz oben im Regal liegen Baguettes appetitlich
neben dunklen, kräftigen Roggenbroten.
Weiter unten sieht sie prächtige Zopfbrote
und lustige Rosinenmännchen mit Augen.
Auch das salzige Laugengebäck sieht lecker aus.
Und überhaupt fällt es Marie schwer,
sich bei diesem herrlichen Duft zu entscheiden.

3 Finde zu jedem Nomen das passende Adjektiv im Text:
das Salz – salzig, …

das Salz | die Kraft | die Pracht | der Appetit | der Herr | die Lust

4 Bilde Adjektive mit den Wortbausteinen **-ig** und **-lich**.
Kontrolliere mit der Wörterliste:
eckig, …

Verlängern: Adjektive

1 Schreibe die Sätze ab. Unterstreiche die Adjektive:
Für das <u>leckere</u> Klassenfrühstück …

Für das leckere Klassenfrühstück haben die Kinder der 3b gute Dinge mitgebracht: lustige Tomatenpilze, saftige Melonenstücke, witzige Wurstbrote und würzige Käsespieße. Die Lehrerin bringt in einer großen Kanne den heißen Tee herein. Alles wird auf dem langen, bunten Tisch angerichtet.

2 Finde zu jedem Adjektiv ein passendes Nomen.
Verlängere die Adjektive: *längliche Brötchen, …*

länglich
eckig
knusprig
festlich
gesund
salzig
rund
würzig

Pfefferkuchen
Brötchen
Weißbrot
Zuckerschnecken
Laugenbrezeln
Brot
Torte
Karottenkuchen

3 Die Tafeln sind verwischt.
Male sie in dein Heft und beschrifte sie richtig.

Rechtschreibhilfe Wortverlängerung bei Adjektiven kennen lernen; auf Übungswörter anwenden

Hier üben wir

1 Übe den Text: oder oder oder .

Beim Bäcker

Beim Bäcker gibt es viele Brotsorten.
Er bäckt sie aus Mehl, Wasser, Salz und Hefe.
Dabei misst er die Mengen genau ab.
Mit der großen Maschine knetet er den Teig.
Er formt runde Brote und längliche Brötchen.
Auf einem Backblech schiebt er sie in den Backofen.

Zuerst sind die Brötchen fertig. Etwas später
holt der Bäcker die leckeren, braunen Brote heraus.
Manchmal sind sie noch warm, wenn er sie verkauft.

das Mehl
das Salz
die Menge
die Maschine
der Teig
es gibt
er bäckt
er misst
er schiebt
sie sind
rund
fertig
lecker
später

2 Schreibe alle Nomen aus dem Text in der Einzahl auf:
der Bäcker, die Brotsorte, ...

3 Ordne die Wörter aus jedem Bild
nach dem ABC: 1 braun, fertig, ...

4 Schreibe nur die Wörter aus den Wortfamilien **backen** und **Brot** auf.
In jeder Reihe ist ein Kuckucksei:
backen: ... Brot: ...

Backblech Bagger Backofen bäckt Bäckerei

Brot Brombeere Brötchen Brotscheibe Brotsorte

Übungswörter einzeln und im Textzusammenhang üben; Übungswörter nach dem ABC und nach Wortfamilien ordnen

1. Jo-Jo-Test

Falsche Wörter finden

1 In dem Text passen vier Wörter nicht.
Finde sie und schreibe sie auf.

Draußen wird es immer herbstlicher.
Morgens muss Peter eine Jacke anziehen.
Die Sonne weht kräftiger und
die Tage werden immer kürzer.
Aber Peter mag den Herbst gern,
vor allem, wenn es richtig windig ist!
Dann lässt er seinen Schulranzen steigen.
Mit seinen Freunden geht er dazu
extra auf einen ganz tiefen Berg.
Oft bleiben sie den ganzen Tag da
und gehen erst morgens
zum Abendbrot nach Hause.

2 Schreibe den Text ab. Ersetze dabei
die vier unpassenden Wörter durch passende.

3 Berichtige die Fehlerwörter.

Bletter fligen himmel schpielen

Wörter richtig schreiben

4 Finde die Mitlaute und verlängere die Wörter.

unpassende Wörter im Textzusammenhang durch passende ersetzen; Nomen mit Auslautverhärtung vervollständigen

Nomen erkennen

5 Finde die Nomen und schreibe sie mit ihren Artikeln auf.

Der Hut weht vom Kopf. | Auf der Leine hängt mein Hemd. | Im Garten läuft ein Igel. | Der Baum hat ein rotes Blatt bekommen. | Die kleine Nuss passt in meinen Mund.

6 Finde zu allen Nomen die Mehrzahl.

Verben verändern

7 Schreibe den Text ab. Setze dabei die Verben in die richtige Personalform. Unterstreiche die Endungen.

Die Klasse 3d (basteln) mit ihrem Lehrer Laubfiguren.
Ein Mädchen (verteilen) die Klebestifte.
Alle Kinder (holen) sich ihre Schere und ein Papier.
Ein Junge (bringen) alle gesammelten Blätter in die Mitte.
Dann (gehen) es los. Einige Schüler (arbeiten) schnell.
Der Lehrer sagt: „Ihr (helfen) bitte den anderen Kindern."
Am Ende der Stunde (haben) fast alle Kinder
ein Bild mit Laubfiguren.

Adjektive mit -ig und -lich

8 Bilde Adjektive mit **-ig** oder **-lich**.

Fleiß | Gift | Feind | Kraft | Sonne | Salz

Ecke | Schmutz | Schatten | Angst | Dreck

Blut | Mut | Vorsicht | Freund | Glück | Durst

9 Finde zu sechs Adjektiven passende Nomen. Dabei soll das Adjektiv immer vor dem Nomen stehen, zum Beispiel: ein fauliger Apfel.

faulig | empfindlich | fröhlich

nebelig | fürchterlich | kuschelig

Winter

Schweden

Dänemark

Griechenland

1 In vielen Bräuchen zur Weihnachtszeit spielt Licht eine Rolle.
Schreibe zu jedem Land den passenden Brauch: Schweden: ...

Mädchen tragen weiße Gewänder und Kränze mit brennenden Kerzen. Sie sollen die dunkle Jahreszeit erhellen.

Auf der Kalenderkerze sind die Dezembertage bis Weihnachten markiert. Sie wird jeden Tag angezündet und stimmt die Menschen auf das Christfest ein.

Zwölf Nächte brennen Weihnachtsfeuer. Sie sollen Kobolde vertreiben, die zur Weihnachtszeit ihr Unwesen treiben.

Mir gefällt ..., weil ...

2 Welcher Weihnachtsbrauch gefällt dir? Begründe warum.

persönliche Vorlieben erklären und begründen;
über Weihnachtsbräuche
in verschiedenen Ländern sprechen

Zusammenfassungen

1 Lest den Text. Findet mit eurer Lehrerin heraus, was die Tanne, das Rentier und die Taube sagen.

Hoch im Norden, mitten in den großen Wäldern, lag einst ein See.
In dem See spiegelte sich eine kleine Tanne.
Im Winter war es bitterkalt und die kleine Tanne fror sehr.
Doch eines Nachts wurde es hell um sie.
Über dem See stand ein heller Stern. Auch ein Rentier sah ihn,
als es bei der kleinen Tanne vorbeikam.
Rentier: „Oh, what a beautiful star.“
Tanne: „Yes, a beautiful star!“

Als über dem See der Morgen dämmerte, flog eine Taube herbei.
Taube: „Come with me! Come with me!“
Die Taube flog wieder davon und das Rentier folgte ihr.
Es wurde von der Taube zu einer Wiese geführt,
auf der statt Blumen bunte Kerzen leuchteten.
Rentier: „How beautiful!“
Taube: „Take it to the little tree!“
Das Rentier lud die kostbare Last auf sein Geweih
und eilte mit der Taube zurück zur kleinen Tanne.

Sie steckten der Tanne die Kerzen auf und staunten:
„How beautiful! What a beautiful Christmas tree!“
Die kleine Tanne sah wie ein prächtiger Weihnachtsbaum aus!
Sie spürte die Kälte nicht mehr, die Kerzen wärmten sie.
Sie empfing den goldenen Sternenglanz
und strahlte ihn in die kalte Nacht hinaus.

2 Die Geschichte von der Tanne soll ein Theaterstück werden. Fasse zusammen, was in jedem Abschnitt passiert:

1. Abschnitt

Wo spielt der Abschnitt?	Wer spielt mit?	Was geschieht?
Im Wald an einem See	Tanne, Rentier, Taube, Stern	Es ist Nacht, ein heller Stern erscheint. Die Tanne ...

ein englisches Märchen lesen;
fremdsprachliche Textteile übersetzen;
den Inhalt einzelner Textabschnitte notieren

Texte verfassen S. 136

Wörtliche Rede

1 Lest mit verteilten Rollen, was die Figuren sagen.
Achtet auf die passende Betonung.

2 Schreibt die Szene auf. Setzt die wörtliche Rede in Redezeichen:
Rentier: „Was für ein schöner Stern!"
Tanne: „Ja, er …"
Taube: „…"

> Was gesprochen wird, heißt **wörtliche Rede**.
> Sie steht in **Redezeichen**: „Was für ein schöner Stern!"

3 Probt eure Szenen. Bewegt euch wie die Figuren.
Drückt mit eurer Stimme aus, wie die Figuren sprechen.

wörtliche Rede und ihre Zeichensetzung kennen lernen; Szenen aufschreiben und proben; Intonation und Körpersprache einsetzen

Redebegleitsätze

1 Lest das Gespräch. Setzt in die Redebegleitsätze unterschiedliche Verben für **sagen** ein.

Tom ___ : Wir räumen das Klassenzimmer um.
Sven und Lisa ___ : Wir entwerfen die Kulissen.
Max ___ : Ich male ein Plakat.
Patrik ___ : Sven kann der Ansager sein.
Marie ___ : Wen laden wir zur Aufführung ein?

sagt
kündigt an
schlagen vor
fragt
meint

Der **Redebegleitsatz** gibt an, wer spricht:
Tom sagt: „Wir räumen das Klassenzimmer um."
Redebegleitsatz — Wörtliche Rede

2 Schreibe das Gespräch mit passenden Verben auf. Achte auf Doppelpunkt und Redezeichen:
Tom kündigt an: „…"

3 Schreibe jeden Redebegleitsatz mit der passenden wörtlichen Rede: Matthias ruft: „Simon, ich …"

Matthias ruft:
Simon fragt:
Sven, Lisa und Max meinen:
Marie und Patrik sagen:
Tom will wissen:

„Wir entwerfen die Kulissen."
„Haben wir schon einen Ansager?"
„Simon, ich brauche Hilfe!"
„Wer kümmert sich um die Einladungen?"
„Wir räumen das Klassenzimmer auf."

4 Notiert, wer welche Aufgaben bis zur Aufführung erledigt. Spielt das ganze Stück in der Klasse vor.

Redebegleitsätze kennen lernen; Redebegleitsätze wörtlicher Rede sinnentsprechend zuordnen; Zeichensetzung bei wörtlicher Rede korrekt anwenden

Merkwörter mit h (M)

1 Lest den Text. Ihr erfahrt, woher der Weihnachtsbaum kommt.

Es ist ein alter Brauch, an Weihnachten einen Tannenbaum in der Wohnung aufzustellen. Dieser Brauch wird zum ersten Mal in einer Urkunde von 1605 aus Straßburg erwähnt. Am Anfang wurden die Bäume noch ohne Kerzen aufgestellt.

Man benutzte Tannenbäume jedoch schon früh, um Geschenke daran aufzuhängen. Etwa hundert Jahre später begann man, sie zur Weihnachtszeit mit Kerzen zu schmücken. Berühmte Weihnachtsbäume stehen heute auf dem Weihnachtsmarkt in Dortmund und dem Christkindlesmarkt in Nürnberg.

Aus einer alten Chronik
Auf Weihenachten
richtett man zu Strass-
burg Dannenbäume
in der Stubben auf,
daran henckett man
Rossen aus vielfarbigem
Papier geschnitten,
Äpfel, flache kleine
Kuchen, Zucker.

2 Schreibe die roten Wörter auf.
Male in jedem Wort das stumme h an: Weihnachten, …

3 Ordne die Wörter nach Wortstämmen:
wohnen, …

4 Finde zusammengesetzte Nomen mit **Weihnachten**.
Male in jedem Wort das h an: Weihnachtsbaum, …

5 Früher hieß der Weihnachtsbaum auch Gabenbaum.
Schreibe, woher dieser Name kommt. Die Chronik-Seite hilft dir.
Oder: Schreibe den Chronik-Text in der heutigen Rechtschreibung auf.

Informationen aus verschiedenen Texten entnehmen: aus Sachtext, aus historischem Text; Wörter mit Dehnungs-h üben; Wortfamilien zusammenstellen

Hier üben wir

1 Übe den Text: oder oder oder .

In der Weihnachtszeit

Für ihre Weihnachtsfeier haben sich die Kinder der Klasse 3 einiges einfallen lassen. Der Klassenraum ist schön geschmückt. An den Fenstern hängen glänzende Sterne. Kerzen brennen und strahlen in einem warmen Licht. Die Kinder spielen das Weihnachtsmärchen vor. Danach sitzen sie mit ihren Eltern noch fröhlich zusammen. Sie trinken Tee und essen Lebkuchen.

Zuletzt singen alle gemeinsam „O Tannenbaum".
„Die Feier hat mir sehr gefallen", sagt Hannas Mutter.

die Klasse
das Fenster
die Kerze
das Märchen
der Tee
der Lebkuchen
Weihnachten
schmücken
hängen
strahlen
spielen
sitzen
fröhlich
sehr

2 Schreibe alle Nomen aus dem Text mit ihrem Artikel auf:
die Weihnachtszeit, die Weihnachtsfeier, …

3 Welche Übungswörter sind hier verzaubert?
Schreibe sie auf: das Fenster, …

**nst*r	**ng*n	**bk*ch*n	s*hr
**rch*n	*e*	fr*hl*ch	*tr*hl*n

4 Bilde Sätze und schreibe sie auf: Viele Sterne glänzen im …

Viele Sterne	singen	die Weihnachtsfeier.
Die Kinder	gefällt	im Klassenraum.
Den Eltern	spielen	das Weihnachtsmärchen vor.
Zuletzt	glänzen	alle ein Weihnachtslied.

Übungswörter einzeln und im Textzusammenhang üben; Großschreibung von Nomen beachten; Sätze aus Satzgliedern bilden

Das bin ich

Fragebogen für Jungen
Klasse 3a: 11 Jungen

	gerne	egal	nein
Würdest du dich neben ein Mädchen setzen?	1	7	3
Spielst du in der Pause mit Mädchen?	4	6	1

Fragebogen für Mädchen
Klasse 3a: 13 Mädchen

	gerne	egal	nein
Würdest du dich neben einen Jungen setzen?	4	8	1
Spielst du in der Pause mit Jungen?	5	5	3

1 Was wird in eurer Klasse über Jungen und Mädchen gedacht? Sammelt Aussagen an der Tafel. Sprecht darüber.

Ich finde, dass die Jungen …

2 Seht euch die beiden Fragebogen an. Beantwortet gemeinsam die Fragen.

Wie viele Jungen möchten in der Pause gerne mit Mädchen spielen?

Wie viele Mädchen möchten nicht neben einem Jungen sitzen?

Welche Antwort wurde am häufigsten gewählt?

Sitzen die Mädchen und Jungen meistens gerne nebeneinander?

Anliegen und Konflikte mit anderen gemeinsam diskutieren: Klischees diskutieren und hinterfragen; einen Fragebogen lesen und verstehen

Briefe

1 Rosi ist in eine neue Schule gekommen. Dort gefällt es ihr nicht.
Lest gemeinsam, was sie ihrem Großvater schreibt.

> Lieber Großpapa,
> ich hasse meine neue Schule. Sie ist so groß und fremd, und ich kenne niemanden. Frau West, die Lehrerin, ist in Ordnung, aber sie setzte mich neben einen JUNGEN, der Roland Roberts heißt! Er soll sich um mich kümmern! Roland Roberts sagte: „Mädchen sind doof."
> Mädchen sind nicht doof und er soll sich nicht um mich kümmern! Ich hasse Roland Roberts! …

> Lieber Großpapa,
> Samstag gingen Mutti und ich in den Park. Roland war auch da, mit seinem Hund Bingo. Ich sollte Roland Roberts auf meinen Schlitten lassen! Bingo jagte uns durch den Schnee. Das hat Spaß gemacht! Roland sagte: „Ich hätte auch gern einen Schlitten. Wollen wir morgen einen Schneemann bauen?"
> Bingo habe ich echt gern, aber Roland Roberts?

Martina Selway

2 Roland sagt: „Mädchen sind doof."
Wer zustimmt, hebt die Hand. Wer ablehnt, steht auf.
Und wie ist die Meinung zu Jungen?
Diskutiert über das Ergebnis.

3 Was könnte der Großvater Rosi antworten?
Sammelt Stichpunkte an der Tafel.

4 Stelle dir vor, du bist der Großvater.
Schreibe einen Brief an Rosi. Denke auch an Datum, Grüße und Unterschrift: Liebe Rosi, …

Pronomen

1 Lest die Beschreibungen. Was fällt euch auf?

Beste Freunde
Maria ist meine Tischnachbarin.
Wir haben keine Geheimnisse voreinander.
Maria kann gut rechnen
und hilft mir immer in Mathe.
Maria ist ein Fan von Harry Potter.
Maria ist meine beste Freundin.

Beste Freunde
Tim ist mein bester Freund.
Tim kann nacheinander
zehn Schokoküsse essen.
Tim ist neun Jahre alt.
Tim mag keine Hunde.
Tim spielt gern Tischtennis,
aber manchmal ist er dabei unfair.

2 Wähle einen Text und überarbeite ihn.
Ersetze die Namen an passenden Stellen durch die Pronomen **sie** oder **er**: Beste …

Nomen kann man durch **Pronomen** ersetzen:
Maria – sie, Tim – er, Maria und ich – wir.

3 Schreibe Rätsel über deine Freunde.
Lass andere Kinder raten.
Achtung: Verwende nur Pronomen.

Er ist klein,
aber stark.
In seiner Freizeit
schwimmt er
im Verein. Er ist
ein sehr guter
Schüler. In unserer
Klasse macht er
meistens den
Tafeldienst.

Pronomen als Ersatz für Nomen kennen lernen; Umgang mit Pronomen in verschiedenen Texten anwenden (Personenbeschreibung, Rätselröllchen)

Wortstamm und Endung

1 Finde im Text alle Wörter mit dem Wortstamm **spiel**.
Schreibe sie auf und unterstreiche den Wortstamm:
Spielenachmittag, …

Heute ist ein Spielenachmittag geplant.
Jeder darf sich ein Spiel wünschen.
Mama sucht sich ein Würfelspiel
aus der Spielesammlung aus.
Alle sind begeistert und spielen mit.
Papa findet in der Spielekiste ein Brettspiel,
das er als Kind schon gespielt hat.
Aber wo ist der Würfel dazu? Alle suchen im Spielzimmer.
Dennis findet ihn in der Spielverpackung vom Memoryspiel.
So kann endlich die zweite Spielrunde beginnen.
Welches Lieblingsspiel wird sich Tim wohl aussuchen?
Vielleicht ein Fußballspiel oder ein Fangspiel im Freien?

2 Finde die richtige Endung und schreibe die Verben:
ich trinke, …

ich trink	wir schreib	sie sing	er lach
ihr schreib	ihr trink	sie lach	wir sing
du schreib	du lach	sie trink	du sing

e
st
t
en

3 Finde den passenden Wortstamm.
Schreibe die Sätze richtig ab: Ich hüpfe gerne …

Ich ___ e gerne mit dem Springseil.
Lara ___ t gerne kalte Apfelsaftschorle.
Papa ___ t gerne mit dem neuen Auto.
Oma und Opa ___ en am Abend immer spazieren.
Wir ___ en tolle Sachen aus Legosteinen.

trink
geh
hüpf
fahr
bau

4 Bilde Wortfamilien mit den Wortstämmen aus Aufgabe 3:
trink: trinken, Trinkhalm, …
…

Wortstamm erkennen und unterstreichen; passende Endungen für Verben auswählen; passende Wortstämme auswählen, Wortfamilien erstellen

Viele Mitlaute nebeneinander

1 Lies den Text laut. Sprich die Wörter mit den blauen Buchstaben deutlich.

Manchmal liege ich einfach im grünen Gras.
Und ich lausche dem Gezwitscher der Vögel.
Und ich rieche den Duft von Blumen.
Und ich spüre, wie der Wind meinen Körper streichelt.
Und ich fange an zu träumen.

Manchmal kuschle ich mich einfach in meine Bettdecke.
Und ich lausche dem Klang der Musik.
Und ich sehe die Sterne am Himmel funkeln.
Und ich stelle mir vor, wie ein Stück Schokolade
in meinem Mund zerschmilzt.
Und ich fange an zu träumen.

2 Schreibe die Wörter mit den blauen Mitlauten ab.
Male die Mitlaute an: manchmal, …

3 Bilde zusammengesetzte Nomen.
Male die Stellen mit schwierigen Mitlauten an:
das Schwimmbecken, …

schwimmen	Streusel	Becken	Wand
Schlauch	Sprosse	Kuchen	Boot
springen	Schnecken	Brunnen	Holz
streichen	streiten	Haus	schlichten

4 Welche Buchstaben fehlen? Schreibe die Wörter auf.
Unterstreiche die Buchstaben, die du eingesetzt hast.

laster eil erd ütze anne

lug lanze To Ko Zo

S. 94 Richtig schreiben

schwierige Wörter mit Mitlauthäufungen üben;
zusammengesetzte Nomen mit sch-Lauten bilden;
Wörter mit Pf/pf üben

Hier üben wir

1 Übe den Text:  oder  oder  oder  .

Meine Freundin

Meine Freundin heißt Anna.
Sie hat ein fröhliches Gesicht und braune Haare.
Wir haben am gleichen Tag Geburtstag.
Wenn ich sie besuche, ist uns nie langweilig.
In ihrem Zimmer gibt es einen großen Schrank
mit vielen tollen Spielsachen und Verkleidungen.
Manchmal haben wir auch Streit.
Aber danach vertragen wir uns wieder.

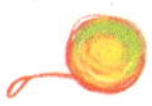
Anna und ich haben das gleiche Hobby.
Tischtennis macht uns beiden riesigen Spaß.

die Haare
der Geburtstag
die Spielsachen
das Hobby
der Spaß
heißen
sich vertragen
fröhlich
langweilig
groß
riesig
ihrem
viel
manchmal

2 Verändere den Text so, dass er zu einem Freund passt:
Mein Freund
Mein Freund heißt ...

3 Schreibe alle Verben aus dem Text in der Grundform und in der Personalform mit **er** auf: heißen – er heißt, ...

4 Finde zu jedem Nomen ein passendes Adjektiv:
der große Spaß, ...

der Spaß | das Haar | der Schrank | die Spielsachen

die Reise | die Überraschung | der Geburtstag | der Streit

5 Bilde mit den Wörtern im Regal vier Sätze: Anna hat braune ...

Übungswörter einzeln und im Textzusammenhang üben; Verben in Grund- und Personalform aufschreiben; passende Adjektive finden; Sätze bilden

www.freizeit

1 Überlegt, wozu Kinder und wozu Erwachsene den Computer benutzen können.

2 Lest die Aussagen. Was haltet ihr von Computern? Begründet eure Meinung. Denkt dabei an eure Gesprächsregeln.

Meine Tochter starrt immer nur diesen blöden Bildschirm an.

Meine Rechtschreibung überprüfe ich mit dem Rechtschreibprogramm.

Ich darf mit Mamas Computer ins Internet, aber höchstens eine halbe Stunde am Tag.

Ich weiß nicht, was ich ohne Computer machen würde.

zum Thema „Computer" Stellung nehmen; eine eigene Meinung äußern und begründen; Gesprächsregeln beachten; Rechtschreibprogramm thematisieren

Informationen für Sachtexte

1 Die Kinder suchen Informationen für ihre Präsentationen.
Lest den Text. Klärt Begriffe, die ihr nicht versteht.

In der Kinderbücherei wollen Lilli und Fabian herausfinden, wie man zahme Ratten hält. Die Bibliothekarin Frau Rose gibt die Stichwörter „Ratte, zahm“ in den Computer ein. Sofort zeigt der Bildschirm mehrere Bücher und ihren Standort in den Regalen an.

Frau Rose zeigt auf einige Titel und sagt: „Ich empfehle euch diese da.“ Lilli und Fabian nehmen ein Buch nach dem anderen in die Hand und blättern darin. Manche legen sie sofort zurück, andere nehmen sie zum Schmökern mit an den Tisch. Sie wollen nur Bücher ausleihen, die ihnen gefallen und die sie gut lesen können.

Ina und Tim möchten sich im Internet über Spinnen informieren. Ein Computerplatz ist frei. Frau Roses Kollegin schaut zu, wie Ina eine Suchmaschine auswählt, das Stichwort ins Eingabefeld tippt und dann auf „Suche starten“ klickt.

Nach kurzer Zeit erscheinen auf dem Bildschirm viele Links mit Stichwörtern. „Oh je, wer soll das lesen?“, stöhnt Tim, „Können Sie uns bitte helfen?“ Mit Hilfe der Bibliothekarin finden sie schnell die richtigen Links und drucken die Seiten aus, die sie interessieren.

2 Wählt ein Thema. Sucht dazu Informationen im Internet oder in Büchern.

Katzen | Hunde | Krokodile | Dinosaurier

3 Sucht ihr lieber Informationen in Büchern oder im Internet?
Sprecht darüber. Begründet eure Meinung.

Satzglieder kennen lernen

1 Lasse den Satz wachsen:
Leon und Malte
Leon und Malte sammeln
...

Leon und Malte
sammeln
seit der Weltmeisterschaft
eifrig
Bilder von Fußballern

2 Stelle den Satz um.
Beginne mit dem blauen Satzglied: Seit ...

Ein Satz besteht aus mehreren **Satzgliedern**.
Ein Satzglied kann ein Wort oder mehrere Wörter haben.
Satzglieder kann man vertauschen:
Leon und Malte | sammeln | eifrig | Fußballbilder.
Eifrig | sammeln | Leon und Malte | Fußballbilder.

3 Lies die Sätze mit einem Partnerkind.
Überlegt, wie ihr die Satzglieder am besten anordnen könnt.

Eva | auf dem Flohmarkt | verkauft | alte Sachen

Bücher und Spielzeug | sie | auf eine Decke | legt

besonders gut | ihre Puppenwiege | den ersten Kunden | gefällt

4 Ordne die Satzglieder so, wie dir die Sätze am besten gefallen.
Schreibe die Sätze. Achte auf den Satzanfang und das Satzende.

Einen Satzfächer bauen

So wird es gemacht:

- Schreibt die Satzglieder auf Pappstreifen.
- Heftet die Pappstreifen mit einer Musterklammer zusammen.

Satzglieder aneinanderreihen;
verwürfelte Satzglieder zu Sätzen ordnen;
mit dem Satzfächer üben: Satzglieder umstellen

Satzglieder

1 Schreibe den ersten Satz auf einen Papierstreifen.

Heute	gehen	Till und Hanno	ins Schwimmbad.
Wie immer	fahren	die Jungen	mit ihren Rädern.
Zuerst	suchen	sie	einen Liegeplatz.
Dann	springen	die beiden Freunde	vom 3-Meter-Brett.
Anschließend	springt	Till	auch vom 5-Meter-Brett.
Um 18 Uhr	müssen	sie	zu Hause sein.

2 Zerschneide den Satz in seine Satzglieder und bilde neue Sätze.
Achte auf die Großschreibung und die Satzzeichen:
Till und Hanno gehen …
Ins Schwimmbad gehen …

Heute	gehen	Till und Hanno	ins Schwimmbad
Till und Hanno	gehen	Heute	ins Schwimmbad

3 Schreibe alle Sätze aus Aufgabe 1 auf.
Stelle dabei jeden Satz um.

4 Ordne die Satzglieder deiner Sätze zu Fragesätzen:
Gehen Till und Hanno …?

Wörter mit doppeltem Mitlaut

1 Bei diesen Computern stimmt die Datenübertragung nicht.
Setze die Wörter wieder richtig zusammen: Zimmer, …

2 Lies die Wörter laut und schwinge sie.
Zeichne Silbenbögen: Zimmer, …

3 Schreibe den Text auf. Fülle die Lücken mit Wörtern von den Bildschirmen:
Katja und Tom treffen sich …

Computer ist ein Merkwort.

Katja und Tom ___ sich mit Steffi und Felix in der Bücherei.
Tom staunt: „So viele Bücher in einem ___."
„Aber in einen Computer ___ noch viel mehr Bücher", meint Steffi. „___ gibt es einmal nur noch Computer und keine Bücher mehr", sagt Felix. „___ nicht!
Das würde mir nicht ___", meint Katja.
„Ich ___ mir das viel zu ungemütlich vor."

Verben-Spiel

Schreibt jede Verbform auf ein Kärtchen. Mischt die Kärtchen.
Legt sie verdeckt auf den Tisch. Deckt abwechselnd ein Kärtchen auf.
Wer die dritte Karte aufdeckt, bekommt das Trio.
Gewonnen hat das Kind mit den meisten Trios.

Grundform	du	er, sie, es
schwimmen	schwimmst	schwimmt
klettern	kletterst	…
rennen	…	…
brüllen	…	…
schaffen	…	…

S. 88 Richtig schreiben

Wörter mit doppelten Mitlauten zusammensetzen und in Lückentext einsetzen; Personalformen mit doppeltem Mitlaut bilden

Hier üben wir

1 Übe den Text:  oder  oder  oder  .

Nach der Schule

Sven will heute schnell nach Hause kommen.
Im Internet soll er Informationen über einen
Fußballverein in seiner Stadt finden.
Wie das geht, haben sie in der Klasse geübt.
Dabei hat Sven gut aufgepasst. Er isst zu Mittag,
geht in sein Zimmer und schaltet den Computer an.
Er findet die Internetseite des Vereins
und druckt wichtige Seiten aus.

Oma hat wieder einen Brief geschickt.
Sie fragt, was er sich zum Geburtstag wünscht.
„Vielleicht ein Paar Fußballschuhe?", denkt Sven.

die Information
der Fußball
die Stadt
der Mittag
der Computer
die Internetseite
der Geburtstag
das Paar
die Schuhe
er soll
er isst
er geht
er druckt
sie schickt
vielleicht

2 Finde im Text alle Wörter
mit einem doppelten Mitlaut:
will, schnell, ...

3 Mit dieser Tastatur kannst du
sechs Übungswörter schreiben.
Finde sie: Information, ...

4 Am Computer kannst du viele Schriften verwenden.
Ordne nach verwandten Wörtern.
Immer drei gehören zusammen:
der Geburtstag, ...

der Geburtstag	*denken*	finden
der Gedanke	das Fundstück	der Kindergeburtstag
Erfinder	*landen*	*nachdenken*
das Land	Geburtstagstisch	*Landkarte*

Übungswörter einzeln und im Textzusammenhang üben; Verben in Grund- und Personalform aufschreiben; passende Adjektive finden; Sätze bilden

2. Jo-Jo-Test

Wörter mit h

1 Finde nur die Verben und schreibe sie untereinander in dein Heft.

Gefühl	Lehrer	Anzahl	Fühler
Wohnung	belehren	bezahlen	fühlen
wohnen	Lehrling	Bewohner	Zahl

2 Finde in Aufgabe 1 zu jedem Verb die verwandten Wörter.
Schreibe sie hinter das passende Verb.

3 Wähle **eine** Wortfamilie.
Bilde mit jedem Wort dieser Wortfamilie einen Satz.

Pronomen verwenden

4 Schreibe die Sätze ab. Ersetze in jedem zweiten Satz die Nomen durch die Pronomen **er** oder **sie**.

Der Regenwurm liegt in der Pfütze.
Der Regenwurm muss gerettet werden.
Hannes mag keine Tiere anfassen.
Hannes ruft Lisa.
Zum Glück hat Lisa keine Angst vor Kriechtieren.
So kann Lisa den Regenwurm in Sicherheit bringen.

Sätze umstellen

5 Schreibe jeden Satz ab. Stelle ihn danach einmal um.
Unterstreiche die Satzglieder.

Auf der Wiese steht ein Storch.
Durch den Garten laufen drei Hasen.
Die kleinen Ameisen arbeiten fleißig.
Hoch in der Luft fliegen viele Vögel.

Wörter mit h nach Wortfamilien ordnen und in Sätzen verwenden; Nomen durch Pronomen ersetzen; Sätze umstellen und Satzglieder finden

Fehler finden

6 Findest du die vier Fehler?
Schreibe den Text richtig ab.

Im Garten steht ein Großer Schneemann.
Wir haben viele Schtunden daran gebaut?
Hofentlich bleibt es lange kalt.

Einen Text ordnen

7 Ordne die wörtliche Rede.
Schreibe das Gespräch mit passenden Redebegleitsätzen.
Achte auf Doppelpunkte und Redezeichen.

Hier ist Max Aue.

meldet sich

Hallo Lisa.

sagt

Ich sitze leider noch an den Hausaufgaben.

antwortet

Na gut, ich beeile mich. Bis dann!

verspricht

Super! Tschüss, Max.

verabschiedet sich

Ach, komm doch mit. Es ist so toller Schnee.

bittet

Hallo Max, hier ist Lisa.

begrüßt

Hast du Lust, mit uns um 4 Uhr am Rodelberg Schlitten zu fahren?

fragt

Natur entdecken: Tiere

1 Das Gemälde zeigt unterschiedliche Momente in der Entwicklung von Schmetterlingen. Welche entdeckt ihr?

2 Male ein ähnliches Schmetterlingsbild.
Oder: Beschreibe das Schmetterlingsbild.

3 Macht eine Ausstellung von euren Bildern. Vergleicht. Welches ist dem Bild oben ähnlich? Welches nicht?

Auf Inas Bild sind keine Schmetterlings-eier.

über ein Kunstwerk sprechen; Kunstwerke erstellen und dazu schreiben; Lernergebnisse präsentieren und besprechen

Fragen zum Text

1 Lest den Text. Was vermuteten die Menschen früher über die Entwicklung von Insekten?

Das Bild gegenüber hat Maria Sibylla Merian gemalt, eine berühmte Naturforscherin und Künstlerin. Sie wurde 1647 in Frankfurt geboren und starb 1717 in Amsterdam. Viele ihrer schönen Bilder von Blumen und Insekten sind bis heute erhalten geblieben.

Schon als Kind begann Sibylla, Tiere und Blumen zu beobachten und zu malen. Sie fand heraus, dass jede Schmetterlingsart ihre eigene Futterpflanze hat. Auf der Futterpflanze legen die Schmetterlinge ihre Eier ab. Aus den Eiern schlüpfen Raupen, die sich von den Blättern ernähren. Später verpuppen sie sich dort und nach einiger Zeit schlüpfen aus den Puppen Schmetterlinge.

Sibylla war die erste Naturwissenschaftlerin, die entdeckte, wie sich Schmetterlinge und andere Insekten entwickeln. Viele ihrer Mitmenschen glaubten damals noch, dass Raupen und Mücken aus Schlamm entstehen.

2 Beantworte die Fragen zum Text in ganzen Sätzen: 1 …

- 1 Welchen Beruf hatte Sibylla Merian?
- 2 Was malte Sibylla Merian?
- 3 Was schlüpft aus den Schmetterlingseiern?
- 4 Was fressen Raupen?
- 5 In was verwandeln sich die Raupen, bevor sie zum Schmetterling werden?

3 Formuliert Fragen zu Maria Sibylla Merian.
Oder: Formuliert Fragen zu Schmetterlingen.

4 Beantwortet die Fragen mit Hilfe von Sachbüchern und Lexika. Sucht im Internet oder ladet einen Experten ein.

wichtige Textinformationen zusammenfassen; Fragen formulieren und mit Hilfe unterschiedlicher Medien und Experten beantworten

Texte verfassen S. 138

Vergleichsstufen

1 Lies die Beschreibungen der Schmetterlinge.
Wähle eine Beschreibung aus und schreibe sie ab.

Der **Kleine Fuchs** kommt bei uns am häufigsten vor.
Er überwintert in geschützten Räumen, z. B. in Kellern.
Seine Flügel haben einen blau gefleckten Rand.

Das **Tagpfauenauge** ist etwas größer als der Kleine Fuchs.
Es hat rostrote Flügel mit Augenflecken auf den Spitzen.
Sein Verwandter ist das Nachtpfauenauge.

Von den drei Schmetterlingen ist der **Bläuling** am kleinsten.
Der Rand seiner blauen Flügel ist weiß und dünn.
Die Männchen sind schöner gefärbt als die Weibchen.

2 Ordne den Schmetterlingen die richtigen Aussagen zu:
Der Kleine Fuchs lebt …

Der Kleine Fuchs …
Der Bläuling …
Das Tagpfauenauge …

ist etwas größer als der Kleine Fuchs.

lebt in Kellern, wenn es kalt ist.

ist der kleinste der drei Schmetterlinge.

3 Ordne diese Adjektive auf dieser Seite in die Tabelle. Ergänze die Spalten:

Grundform	1. Vergleichsstufe	2. Vergleichsstufe
häufig	häufiger	am häufigsten

Mit Adjektiven kann man vergleichen.
Grundform: Das Tagpfauenauge ist klein.
1. Vergleichsstufe: Der Kleine Fuchs ist kleiner.
2. Vergleichsstufe: Der Bläuling ist am kleinsten.

S. 120

Verlängern: 1. Vergleichsstufe

1 Suche zu jedem Adjektiv die passende Verlängerung:
alt – älter, …

2 Schmetterlinge tummeln sich auf der Wiese mit anderen Tieren. Schreibe Vergleiche:
Der Schmetterling fliegt schnell.
Die Biene fliegt …
Die Libelle …

Wer wird am ältesten?	
Fliege:	12 Wochen
Spitzmaus:	1 Jahr
Fuchs:	8 Jahre

Wer fliegt am schnellsten?	
Schmetterling:	30 Meter in der Minute
Libelle:	50 Meter in der Minute
Biene:	35 Meter in der Minute

Wer springt am weitesten?	
Grasfrosch:	100 cm
Floh:	6 cm
Heuschrecke:	200 cm

3 Bilde von diesen Adjektiven die 1. Vergleichsstufe.
Ergänze danach die Grundform mit dem richtigen Buchstaben:
dichter – dicht, …

Wo heute Wiesen sind, waren früher dich e Wälder.
Es gibt verschiedene Wiesenarten. Manche sind trocken, andere feuch . Zu jeder Jahreszeit sehen sie anders aus.
Besonders bun sind sie im Frühling.
Heute mähen die Bauern die Wiesen zu of .
So wird häufi der Lebensraum für kleine Tiere zerstört.

4 Schreibe den Text ab. Male die Buchstaben an, die du eingesetzt hast: Wo heute Wiesen sind, …

Wörter mit nk und ng

1 Löst die Tierrätsel.

Marienkäfer   Feuerkäfer   Grasfrosch   Maulwurf   Feldhase

Er verbringt die meiste Zeit seines Lebens unter der Erde. Mit seinen Krallen gräbt er lange Gänge. Sehen kann er nicht besonders gut.

Er ist an seinen schwarzen Punkten auf dem Rücken gut zu erkennen. Er ist sehr nützlich, denn er verschlingt große Mengen Blattläuse.

Er kann im Wasser und auf dem Land leben. Mit seinen kräftigen Hinterbeinen kann er weit springen. Er fängt seine Beute mit seiner langen, klebrigen Zunge.

2 Finde in den Tierrätseln alle Wörter mit ng und nk: verbringt, …

3 Finde zu jedem Verb die passende Grundform.
Male ng und nk an: singt – singen, …

Der Vogel singt.
Der Grasfrosch springt.

Das Spinnennetz hängt.
Die Spinne fängt.

Der Schmetterling trinkt.
Das Glühwürmchen blinkt.

Die Natter schlingt.
Das Gedicht gelingt.

4 Schreibe den Text mit den passenden Adjektiven: Nach der …

eng   flink   jung   spitz   lang

Nach der Schule beobachten Marie und Tim die Vögel im Garten.
Im ___ Nest füttert die Vogelmama die Kinder.
Im ___ Schnabel baumelt ein ___ Wurm.
Hungrig sperren die ___ Vögel die Schnäbel auf.
Der ___ Vogelpapa sorgt für neues Futter.

Hier üben wir

1 Übe den Text:  oder  oder  oder  .

Besuch von Herrn Kempf

Herr Kempf trifft sich mit uns auf der Wiese.
Wir wollen etwas über die Pflanzen und Tiere wissen.
Auf einer Wiese wachsen viele Blumen und Gräser.
Sie wird von zahlreichen kleinen Tieren bewohnt.
Je weniger eine Wiese von Menschen bearbeitet wird,
desto mehr Tiere können darauf leben.

So legen Schmetterlinge ihre Eier auf Pflanzen.
Die Raupen fressen die Blätter und verpuppen sich.
Aus der Puppe schlüpfen Schmetterlinge.

der Herr
die Wiese
das Tier
die Gräser
der Mensch
der Schmetterling
das Blatt
er trifft
sich verpuppen
wachsen
wohnen
schlüpfen
zahlreich
mehr

2 Beantworte die Fragen mit kurzen Sätzen:
1 Wir treffen uns auf …

1 Wen treffen wir auf der Wiese?
2 Was wächst auf der Wiese?
3 Wer lebt auf der Wiese?

3 Setze die Silben zu Wörtern zusammen.
Schreibe die Wörter auf. Setze die Silbenbögen darunter:
wohnen, …

woh-	pflü-	schlüp-	wach-	tau-	da-
rauf	fen	nen	send	cken	sen

4 Ergänze die fehlenden Mitlaute.
Ordne die Wörter nach Nomen und Verben:
Nomen: …
Verben: …

att Me üpfen waen

as ücken essen effen

Frühling

1 Kennst du die Blumen auf dem Bild? Wie heißen sie?

2 Wie viele Exemplare von jeder Blüte entdeckst du auf dem Bild?
Schreibe jeden Namen mit der genauen Anzahl:
6 Primeln, ...

Primel Osterglocke Tulpe Krokus
Blaustern Traubenhyazinthe
Gänseblümchen Schneeglöckchen

Meine Blume hat längliche Blütenblätter.

3 Wähle eine Blume und beschreibe sie genau.
Die anderen Kinder raten.

ein Bild genau betrachten;
Beobachtungen wiedergeben;
Sachverhalte beschreiben

Steckbriefe

1 Lest den Text. Besprecht, was ihr über den Regenwurm erfahrt.

Heute gibt es in Deutschland etwa 40 verschiedene Regenwurmarten. Regenwürmer werden bis zu 30 cm lang und haben eine rotbraune Farbe. Sie ernähren sich von Laub, dessen Reste sie als Kot ausscheiden. Dieser Kot ist nichts anderes als Erde.

Regenwürmer sind sehr nützliche Tiere. Sie graben sich durch die feste Erde und lockern sie auf. Ohne Regenwürmer wäre die Erde hart.

Sonne und Licht können Regenwürmer nicht vertragen. Sie verlassen die Erde nur nachts und an Regentagen. Auch Wasser ist für Regenwürmer gefährlich: Sie atmen durch die Haut und ersticken unter Wasser.

2 Notiere wichtige Stichwörter zum Regenwurm:
40 verschiedene Arten
bis zu 30 cm lang ...

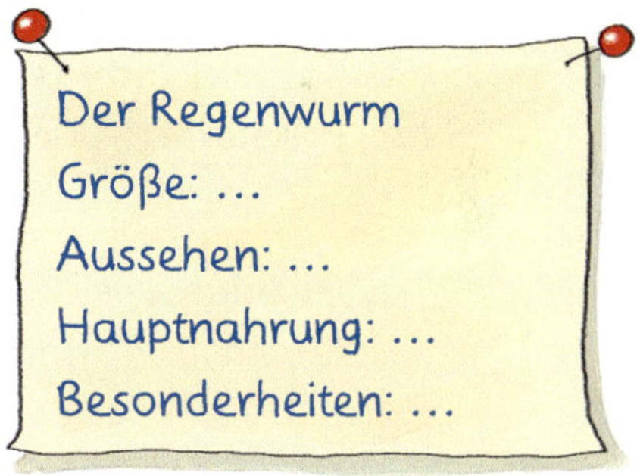

3 Gestalte mit Hilfe deiner Stichwörter einen Steckbrief für den Regenwurm.

4 Besprich deinen Steckbrief mit einem anderen Kind. Stimmen Reihenfolge und Begriffe? Findet ihr Fehler?

5 Schreibe einen Steckbrief über ein anderes Tier, das du im Frühling beobachten kannst.

Subjekt und Prädikat

1 Finde in den Gängen Sätze und schreibe sie auf:
Tatjana holt …

2 Unterstreiche in deinen Sätzen zwei Satzglieder:
das **Subjekt** blau (Wer oder was …?),
das **Prädikat** rot (Was tut …?): Tatjana holt Erde.

„Wer oder was … ?“ findet das **Subjekt**.
„Was tut … ?“ findet das **Prädikat**:
Tatjana holt Erde.

3 Schreibe die Sätze ab. Unterstreiche das Subjekt blau.
Unterstreiche das Prädikat rot: Till sticht den …

Till sticht den Spaten in den feuchten Boden.
Ein paar Regenwürmer kriechen ans Tageslicht.
Bald verschwinden sie wieder in der dunklen Erde.
Till arbeitet eine Stunde im Garten.
Müde stellt er den Spaten wieder in den Schuppen.

S. 126

Merkwörter mit doppeltem Selbstlaut (M)

1 Lest den Text. Ersetzt dabei die Bilder durch passende Selbstlaute.

Maurers haben einen kleinen Garten am S.
Im Frühjahr, wenn der Schn getaut ist
und die ersten Blumen blühen,
fahren sie am Wochenende oft hierher.
Herr Maurer richtet das kleine Ruderbt
für den Sommer her.
Frau Maurer bereitet das Bt
für die Erdbren vor.
Die Kinder holen Ms aus dem Wald
und basteln hübsche Osternester.
Die ersten Osterglocken
stellt Frau Maurer in die Blumenvase.

2 Schreibe den Text ab. Setze **ee** oder **oo** ein:
Maurers haben einen kleinen Garten am See. …

3 Bilde zusammengesetzte Nomen und schreibe sie auf:
das Rosenbeet, …

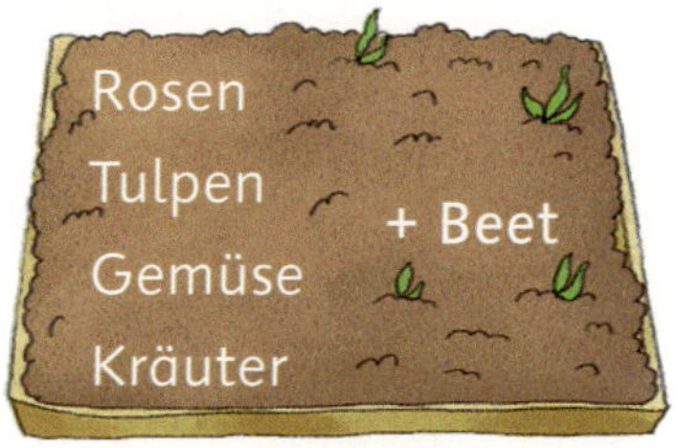

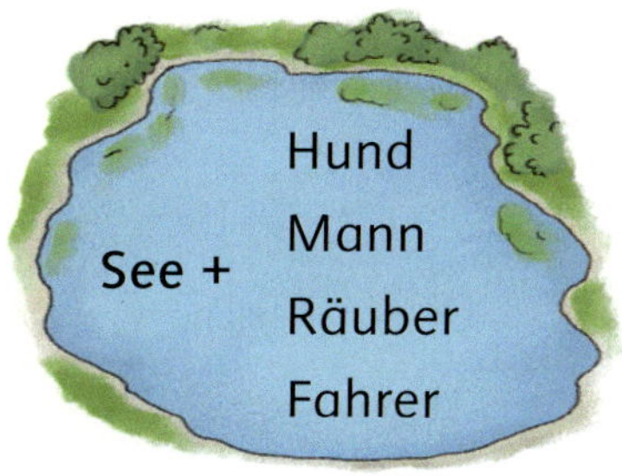

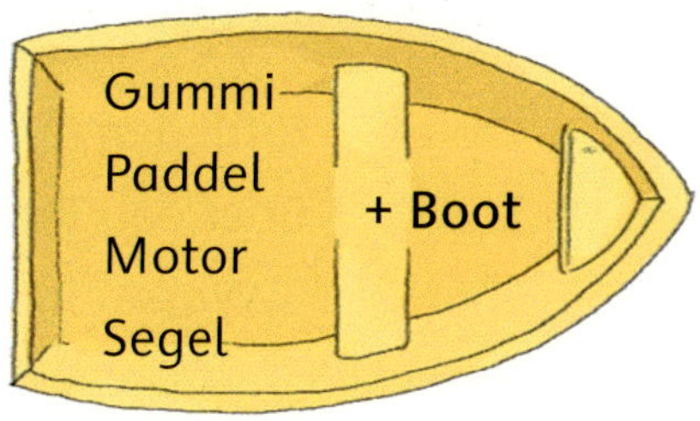

4 Bilde Nomen mit doppelten Selbstlauten: die Fee, …

Ableiten: Wörter mit ä und äu

1 Lest den Text. Wer ist Lissy?

Jetzt im Frühling wird es von Tag zu Tag wärmer.
Lisa und Niklas holen ihre Räder aus dem Schuppen.
Mama räumt die Schränke auf und trägt alte Mäntel
in den Keller. Papa säubert mit Mia die Gartengeräte.
Morgen soll der Gärtner kommen und dürre Äste,
verwelkte Blätter und alte Sträucher entfernen.
Der Nachbar schneidet pfeifend seine Obstbäume.
Lissy streift neugierig durch die Gräser am Zaun.
Ob sie die Mäuse wittert, die dort ihr Versteck haben?

2 Finde zu jedem Wort mit a und au das passende Wort
im Text mit ä und äu: Rad – Räder, …

Rad Schrank tragen Mantel Garten Blatt warm
Ast Gras Raum sauber Strauch Baum Maus

3 Schreibe die Sätze mit der passenden Personalform:
Opa schläft …

lassen • schlafen • laufen • fallen • tragen

Opa ___ zufrieden auf der Bank.
Lissy ___ über den Rasen.
Mama ___ Wasser in das Becken.
Papa ___ den Kuchen nach draußen
und ___ über den Gartenschlauch.

4 Finde die Adjektive, von denen du diese Wörter
ableiten kannst. Schreibe die Wortpaare:
schwärzlich – schwarz, …

schwärzlich kränklich kälter die Härte
die Nähe die Schärfe die Stärke länglich

S. 100 Richtig schreiben

Ableitungswörter mit ä und äu im Text finden;
Verben in die Personalform mit ä und äu setzen;
passende Adjektive zu Wörtern mit ä finden

Hier üben wir

1 Übe den Text: oder oder oder .

Im Frühling

Im Frühling wärmt die Sonne die Erde.
Sie weckt Tiere und Pflanzen aus der Winterruhe.
Till ist froh, dass er wieder draußen spielen kann.
Hier gibt es viel zu sehen. Die ersten Blumen
öffnen ihre Blüten. Auf dem feuchten Boden
kriechen ein paar lange Regenwürmer.
Der Nachbar gräbt fleißig seine Beete um.

„Ich fahre mit dem Fahrrad spazieren",
denkt Till. „Mal sehen, was es noch
zu entdecken gibt."

der Frühling
die Pflanze
die Ruhe
das Beet
das Fahrrad
sie wärmt
sie weckt
er gräbt
öffnen
spazieren
entdecken
froh
fleißig
draußen

2 Ordne die Wörter in jedem Beet nach dem ABC:
entdecken, ...

3 Ordne die Subjekte und Prädikate passend zu: Die Sonne ...

Die Sonne	kriechen	die Erde.
Die ersten Blumen	wärmt	in den Gärten.
Ein paar Regenwürmer	blühen	über den feuchten Boden.

4 Schreibe den Text ab. Denke an die Satzzeichen und an den Satzanfang:
Im Frühling fahren wir ...

im Frühling fahren wir oft zu unserem Garten da gibt es immer viel
Arbeit ich helfe die Beete anzulegen wir beobachten aber auch
Frühlingsblumen Regenwürmer kriechen über die feuchte Erde

Übungswörter einzeln und im Textzusammenhang üben; Wörter nach dem ABC ordnen; Sätze bilden; Sätze im Fließtext erkennen und richtig aufschreiben

Wie wir leben

1 Welches Kind kommt aus welchem Land?

Frankreich | Türkei | Italien | England | Griechenland

2 Was gehört zu welchem Land?

Eiffelturm | Pizza | Börek | Queen | antiker Tempel

3 Was gehört zu Deutschland?
Überlegt und diskutiert.

Zu Deutschland gehört …, weil …

Da bin ich anderer Meinung: …

Sprachen entdecken: Fremdsprachen; funktionsangemessen sprechen: argumentieren, was zu Deutschland gehört

Geschichtenaufbau

1 Lest die Absätze der Geschichte. Welcher ist die Einleitung, welcher der Hauptteil und welcher der Schluss?

Als Mama zu Hause unsere Geschenke auspackte, erzählten wir, wie wir uns beim Einkaufen verständigt haben. Mama hat sehr gelacht.

Meine Schwester Lilli und ich sind letztes Jahr mit Papa nach Griechenland geflogen. Wir waren jeden Tag am Strand und durften immer lange aufbleiben. Es war einfach nur schön.

Vor der Rückreise wollten wir auf dem Markt Geschenke einkaufen. Doch wir verstanden nicht, was die Leute zu uns sagten. So blöd sind wir uns noch nie vorgekommen.

2 Schreibe die Geschichte auf. Denke an eine Überschrift.

3 Wart ihr schon einmal in einem Land, dessen Sprache ihr nicht sprecht? Wie habt ihr euch verständigt? Gab es Missverständnisse? Erzählt.

4 Was gehört in welchen Teil einer Geschichte? Ordne zu:

Einleitung: …
Hauptteil: …
Schluss: …

Gummiboot ausprobieren

Paddel ins Wasser gefallen

Samstag am See

gerettet, froh

Angst

Hilfe kommt

endlich wieder am Ufer

Lukas und Moritz

Einleitung: Wer? Wann? Wo?
Hauptteil: Was passiert?
Schluss: Wie endet die Geschichte?

Einleitung, Hauptteil und Schluss einer Geschichte kennen lernen und umsetzen; über Verständigungsprobleme und Missverständnisse sprechen

Texte verfassen S. 148

Zusammengesetzte Nomen

1 Lest den Text. Sprecht darüber.
Was meint Leon mit „Pech gehabt"?

Leon ist von einem ungewohnten Geräusch wach geworden. Jetzt sitzt er im Schlafanzug auf der Fensterbank und beobachtet, wie ein Umzugswagen langsam an das Nachbarhaus heranfährt. „Ein ausländisches Nummernschild", denkt er. Wer da wohl im Erdgeschoss einzieht?" Bald steht die Haustüre offen. Zwei kräftige Möbelpacker tragen nacheinander einen Kühlschrank, eine Spülmaschine, einen Küchentisch, Kleiderschränke und Umzugskisten ins Haus.

Leon wartet gespannt, ob etwas abgeladen wird, an dem er erkennen kann, dass die neuen Nachbarn Kinder haben. Ein Damenfahrrad und eine Tischtennisplatte stehen schon am Gartenzaun. Als Nächstes kommen Sessel, ein Fernseher und ein Wohnzimmertisch. Langsam wird Leon ungeduldig. Er steht auf. Da sieht er den Kinderwagen. „Pech gehabt", sagt Leon, dreht sich um und geht enttäuscht ins Badezimmer. Als er zum Frühstück in die Küche kommt, sagt Mama: „Hast du gesehen? Die neuen Nachbarn ziehen ein. Ich war schon draußen und habe die Frau mit dem Baby und ihre Zwillinge begrüßt. Die beiden sind so alt wie du, müssen aber noch Deutsch lernen. Willst du sie einmal einladen?"

2 Trenne diese zusammengesetzten Nomen aus dem Text:
der Schlafanzug: schlafen + der Anzug, ...

3 Finde im zweiten Absatz die drei Nomen, die aus drei Wörtern zusammengesetzt sind. Trenne diese Nomen: ...

4 Setze Nomen aus drei Wörtern zusammen: Haustürschlüssel, ...

Schlüssel • Tür • Haus | Motor • Helm • Rad | Tasche • Damen • Hand

Ball • Schuh • Fuß | Weg • Rad • fahren | Auto • Feuer • wehren

zusammengesetzte Nomen aus zwei Wörtern trennen; zusammengesetzte Nomen aus drei Wörtern finden, trennen und selber bilden

Verben mit Wortbausteinen

1 Lies den Text. Schreibe alle Verben mit dem Wortbaustein **ver** heraus: verreist, …

Sarah ist ganz aufgeregt.
Heute verreist sie mit ihrer Patentante.
Sarah hat ihre Sachen im Koffer gut verpackt.
Hoffentlich hat sie nichts vergessen.
Sie umarmt ihre Mama und ruft:
„Ciao! Ciao! Wir müssen abfahren."

Während der langen Fahrt erzählen sie sich Witze.
Plötzlich muss Tante Leni von der Straße abbiegen.
„Sind wir denn schon da?", fragt Sarah erstaunt.
„Wir haben uns jetzt ein Eis verdient!", antwortet Tante Leni.

Im Eiscafé verziert ein Mann einen Eisbecher.
Er bemerkt Sarah und schaut sie fragend an.
„Ich möchte das Himbeereis versuchen", sagt Sarah.
„Wenn du mir deinen Namen verrätst, Signorina", antwortet er.
„Mi chiamo Sarah." „Du sprichst ja Italienisch!", staunt der Mann.
„Ja, mein Papa kommt aus Italien", erklärt Sarah.
„Wie ich", lacht der Mann. „Buon appetito!"

2 Finde im Text die Verben mit den Wortbausteinen **ab**, **um** und **er**. Zeichne einen Strich zwischen Verb und Wortbaustein: um|armt, …

3 Schreibe die Sätze mit passenden Wortbausteinen: Sarah …

be • unter • ver • auf

Sarah will sich die Adresse vom Eiscafé ___ schreiben.
Tante Leni lässt sich den Weg zur Autobahn ___ schreiben.
Sarah will Tante Lenis Ansichtskarten auch ___ schreiben.
Sie möchte sich dabei nicht ___ schreiben.

4 Denke dir eigene Sätze aus, die Verben mit Wortbausteinen enthalten. Du kannst Verben in der Wörterliste finden.

Merkwörter aus anderen Sprachen (M)

1 Schlagt in einem Wörterbuch für Erwachsene nach, ob Sven Recht hat.

2 Ordnet diese Wörter den passenden Erklärungen zu:
Jogurt: säuerliche Dickmilch, …

Jogurt, tschau, T-Shirt, Sauna, Poster, Popcorn, Kebab, prima, Pink, Bon, Kids, Souvenir, Violine, Baguette, Mountainbike

französisch:
Kassenzettel, Andenken, Stangenweißbrot

finnisch:
Heißluftbad

englisch:
kurzärmliges Oberteil, Plakat, Puffmais, kräftiges Rosa, Kinder, Fahrrad fürs Gelände

türkisch:
säuerliche Dickmilch, am Spieß gebratene Fleischstücke

italienisch:
Gruß, Geige, ausgezeichnet

3 Sammelt Wörter aus anderen Sprachen: im Supermarkt, in Werbeprospekten … Sammelt die Wörter auf einem Plakat.

S. 106 Richtig schreiben

Hier üben wir

1 Übe den Text:  oder  oder  oder  .

das Fremdwort
das Lexikon
das Spiel
das Poster
die Inliner
er zeigt
er sagt
schließen
erklären
lassen
fahren
schwierig
okay
jetzt

Das Fremdwörterlexikon

Malte zeigt zu Hause sein Lexikon.
Papa staunt, wie viele Wörter er gesammelt hat.
„Komm, wir machen ein Spiel", sagt Malte.
„Schließe die Augen und tippe auf ein Wort.
Ich nenne dir das Wort und du erklärst es.
Du kannst eine Minute nachdenken."
Nach dem Spiel meint Maltes Vater:
„Manche Wörter sind schwierig zu erklären.
Ich habe nicht gedacht, dass Poster ein Fremdwort ist.
So ein Lexikon ist eine tolle Sache."

„Okay, Dad, was machen wir jetzt?", fragt Malte.
„Lass uns eine Runde Inliner fahren."

2 Finde Übungswörter in den ABC-Reihen:
Lexikon; …

ABCLEXIKONDGHIJKLMNSPIELOPQSTLASSENUVWXYZ
ABZEIGTCDERKLÄRENFGHIJKLFAHRENMNOPQRSTUVWXYZ
ABCDEFGHIJKLMNFREMDWORTTUSCHWIERIGVWXYZ

3 Setze das Verb **schließen** mit den Wortbausteinen zusammen.
Achtung: Ein Wortbaustein passt nicht: verschließen, …

ver an be aus ent auf zer

schließen

4 Schreibe mit jedem Verb aus Aufgabe 3 einen Satz:
Die Flasche muss ich gut verschließen, sonst läuft sie aus.

3. Jo-Jo-Test

Einen Text ordnen

1 Schreibe die Geschichte in der richtigen Reihenfolge auf.
Denke dir eine passende Überschrift aus.

Wörter zusammensetzen

2 Bilde zusammengesetzte Nomen. Denke an die Artikel.

Kaffee	Fuß	Fahrrad	Brief
Tour	Umschlag	Ball	Tasse

3 Finde zu jedem Verb **einen** passenden Wortbaustein.
Bilde mit jedem neuen Verb einen Satz.

ab-	aus-	zer-	über-	ein-
schlafen	schneiden	brechen	malen	holen

einen Text ordnen und eine passende Überschrift finden; zusammengesetzte Nomen bilden; Verben mit Wortbausteinen bilden

Wortfamilien

4 In jeder Reihe gehört ein Wort nicht zur Wortfamilie.
Schreibe die Reihen ohne das Kuckucksei ab.
Unterstreiche in jedem Wort den Wortstamm.

fahren Farben Hinfahrt verfahren

Schlafwagen Schlagzeug schlafen schläfrig

Turnstange Turner Turmuhr vorturnen

Gelächter auslachen mitmachen lächeln

Vergleichsstufen bilden

5 Schreibe die Adjektive mit ihren Vergleichsstufen auf.

warm schwer bunt lustig

lang groß schön

6 Schreibe mit einem Adjektiv aus Aufgabe 5 drei Sätze.
Benutze das Adjektiv in der Grundstufe,
in der 1. und in der 2. Vergleichsstufe.

Fehler finden

7 Hier haben sich sieben Fehler eingeschlichen.
Schreibe den Text richtig ab.

Der Früling ist für Petra
die schönste Jahreszeid.
Es wird wieder langsam wermer
und die Natur erwacht.
Besonders gern mak sie es,
wenn die ersten vögel
in den Gorten kommen.
Petra beobachtet sie dan ganz genau.

Wortfamilien erkennen;
Vergleichsstufen bilden;
Fehlerwörter finden und berichtigen

Zeiten und Räume

1 Wie alt mag der Junge auf den Bildern wohl sein?
Überlegt gemeinsam.

2 Was hast du schon alles erlebt?
Woran erinnerst du dich gern? Frage deine Eltern,
was du mit einem, zwei, drei ... Jahren konntest.

3 Bringe Fotos von dir mit und erzähle dazu.
Oder: Male Bilder von Ereignissen aus deinem Leben.

Als ich drei Jahre alt war ...

aus dem eigenen Leben erzählen;
zu Fotos oder Bildern von Lebensstationen erzählen;
Erzählungen aus dem eigenen Leben vorbereiten

Texte überarbeiten

1 Lies den Text. Was fällt dir auf?

Ich hatte bei meiner Geburt viele Haare.
Dann gingen sie mir fast alle aus.
Ich hatte ein halbes Jahr eine Glatze.
Dann wuchsen die Haare heller nach.
Ich war zwei, als ich einen Bruder bekam.
Ich kam mit drei Jahren in den Kindergarten.
Ich ging schon im Kindergarten in den Fußballverein.
Dann bekam ich eine große Schultüte
zum ersten Schultag.
Und dann hieß meine Lehrerin Frau Weber.
Dann lernten wir in der dritten Klasse,
mit dem Computer umzugehen.

Annika

2 Schreibe den Text ab.
Ersetze dann durch andere Satzanfänge.
Stelle alle Sätze um, die mit ich anfangen.

Unterschiedliche **Satzanfänge** machen Texte interessanter:
Zuerst, da, plötzlich, als ...

Sätze kann man **umstellen**:
Ich hatte als Kind blonde Haare.
Als Kind hatte ich blonde Haare.

3 Suche dir ein Partnerkind.
Vergleicht Annikas Text
mit deinem veränderten Text.
Welcher klingt interessanter?

4 Schreibe einen Text über dich.
Oder: Schreibe Kärtchen mit Ereignissen
aus deinem Leben und bastle selbst eine Lebenskette.

einen Text überarbeiten: Satzanfänge, Satzgliedstellung; Text über das eigene Leben schreiben; unterschiedliche Textentwürfe besprechen

Texte verfassen S. 152

Gegenwart und Vergangenheit

1 Lest den Text. Malt die Hüpfkästchen an die Tafel.
Zeigt und erklärt, wie die Kinder früher Hüpfkästchen spielten.

Mit meinen Freundinnen spielte ich früher fast jeden Tag Hüpfkästchen. Zuerst malte ein Kind mit Kreide das Hüpffeld auf. Dann suchte jeder Spieler einen kleinen Stein. Der erste warf den Stein ins erste Feld und sprang darüber. Danach hüpfte er durch alle Felder. Dabei versuchte er, nicht auf die Striche zu treten. Als Nächstes warf der Spieler den Stein ins zweite Feld, sprang ins erste und dann über den Stein ins dritte Feld. Und so weiter. Wenn ein Kind die Linie berührte, kam das nächste an die Reihe. Das Kind, das zuerst alle Felder schaffte, gewann.

2 Finde im Text alle Verben, die sagen, was **früher** geschah.
Schreibe sie mit *ich* in eine Tabelle:

früher	
ich spielte ich …	

3 Ergänze die Verbformen, die sagen, was **heute** geschieht:

früher	heute
ich spielte	ich spiele

Verben zeigen an, von welcher Zeit erzählt wird:
von der **Gegenwart** (heute) oder der **Vergangenheit** (früher).
Gegenwart: Wir spielen.
Vergangenheit: Wir spielten.

4 Schreibe auf, wie man Hüpfkästchen heute spielt.
Benutze die Verben in der Gegenwart:
Hüpfkästchen geht so: Zuerst malt ein Kind mit Kreide
das Hüpffeld auf. Dann sucht sich jeder einen …

Silbentrennung

1 Die Zeile ist zu Ende. Überlegt gemeinsam, was Dennis tun könnte.

2 Lies den Text laut. Suche 15 Wörter mit zwei Silben. Schwinge sie und schreibe sie mit Trennstrich auf:
Schu-le, spie-len, …

In der Schule spielen wir manchmal Daumenzupfen. Das geht so: Vier Kinder stehen vor der Klasse. Die anderen tun so, als würden sie schlafen. Sie legen ihre Köpfe auf die Arme und schließen die Augen. Ein Daumen von jedem Kind zeigt nach oben. Es ist mucksmäuschenstill. Nun schleichen die vier Kinder um die Schlafenden und jedes zupft an einem Daumen. „Aufwachen“, rufen die vier, wenn sie wieder vorne stehen. Die gezupften Kinder stehen auf. Jedes muss raten, von wem es gezupft wurde. Wer richtig rät, zupft in der nächsten Runde.

3 Finde vier Wörter mit drei Silben und zwei Wörter mit vier Silben. Schreibe sie getrennt auf:
3 Silben: … 4 Silben: …

4 Schreibe den Text über das Daumenzupfen ab. Trenne, wenn die Zeile zu Ende ist.

> Am Zeilenende kann ich **Wörter trennen**.
> Dabei muss ich die Silben beachten: In der Schu-
> le spielen wir manchmal Daumenzupfen.

Silbentrennung als Mittel der Zeilenausnutzung kennen lernen; Wörter nach Silben getrennt und Text mit Silbentrennung am Zeilenende aufschreiben

Merkwörter mit langem i-Laut (M)

1 Schreibe den Text ab.
Male in allen Pronomen **ih** an.

Am Sonntag besuchte Frau Moser
mit ihrer Tochter Lea ein Schulmuseum.
Am Eingang wurde ihr Ticket abgestempelt.
Das Klassenzimmer hier war ganz anders
als in ihrer Schule. Ein Aufseher
erklärte ihnen die Schulregeln von früher.
Lea durfte ihren Namen mit dem Griffel
auf eine Schiefertafel schreiben.

2 Schreibe den Text ab. Ersetze Leas Vater
durch ein passendes Pronomen: Danach hatten …

ihn ihm ihm

Danach hatten sie sich noch mit Leas Vater verabredet.
Schon von Weitem sahen sie Leas Vater an der Bushaltestelle.
Sie winkten Leas Vater zu. Bei einem Eis berichteten sie
Leas Vater alles von dem Museumsbesuch.

3 Schreibe die Beispielsätze ab. Unterstreiche die Merkwörter
mit **ih** und präge sie dir gut ein: Sie lacht …

Sie lacht ihn an.

Sie zeigt ihm das Ticket.

Ihre Mutter begleitet sie.

Im Museum ist es ihnen nie langweilig.

Ihrer Mutter macht der Museumsbesuch Freude.

Ihr Vater wartet an der Bushaltestelle.

Lea bringt ihrem Vater einen Prospekt mit.

Wörter mit ih als Merkwörter einprägen;
Nomen durch Pronomen mit ih ersetzen

Hier üben wir

1 Übe den Text: oder oder oder .

Zeit vergeht

Die Kinder schreiben Texte über ihr Leben.
Dazu haben sie Fotos mitgebracht oder Bilder gemalt.
Es gibt viele unterschiedliche Bilder. Von Babys,
vom ersten Zahn, von Geburtstagen, von Sportfesten,
vom Urlaub und vom ersten Schultag.
Die Kinder erzählen zu den Bildern aus ihrem Leben:
Da bin ich gerade geboren. Hier bin ich drei Jahre
alt geworden. Als ich vier war, haben wir in Dänemark
Urlaub gemacht. Das sind meine Kindergartenfreunde.

Mit fünf konnte ich schwimmen und tauchen.
Mit sechs bin ich in die Schule gekommen.

das Kind
der Text
das Bild
das Baby
der Zahn
der Tag
der Urlaub
das Jahr
der Freund
erzählen
ihr
unterschiedlich
vier
sechs

2 Ordne die Zahlwörter. Vergleiche Buchstaben
für Buchstaben mit dem Buch: eins, …

zwei   sechs   eins   neun   drei

acht   fünf   vier   sieben

3 Bilde mindestens sieben zusammengesetzte Nomen:
der Geburtstag, …

Geburt   Schule   Sport
Zahn   Kindergarten
Weihnachten   Sommer

Tag   Fest
Arzt   Jahr
Freund   Urlaub

4 Entziffere die Wörter. Du findest sie im Übungstext.

mitgebracht   erzählen   Dänemark

unterschiedlich   vergeht

Geburtstag   Kindergartenfreunde   Urlaub

Sommer

1 Wähle ein Bild aus und erzähle dazu eine Geschichte.

2 Malt oder schneidet aus Zeitschriften Bilder aus,
die zeigen, wo euch Wasser überall begegnet.

> An einem heißen Nachmittag im Sommer …

Haus   Natur   Nahrung

Dusche   Regen   Mineralwasser

Wasserhahn   Bach

3 Gestaltet eine Wasser-Collage.

funktionsangemessen sprechen: Geschichten zu Bildern erzählen; erkunden und dokumentieren, wo Wasser vorkommt und gebraucht wird

Geschichten entwickeln

1 Erzählt zum Bild.
Die Gedankensammlung hilft euch.

2 Schreibe, was auf dem Wasserspielplatz passiert.
Verwende die Wörter aus der Gedankensammlung:
Gestern waren wir mit unserer Klasse auf dem …

3 Schreibe eine Gedankensammlung zum Thema **Schwimmbad**.

Vorlieben aufschreiben und begründen

1 Was magst du am Sommer? Was nicht?
Ordne die Stichwörter zu:
Das mag ich: …
Das mag ich nicht: …

lange Sommerferien

schönes Wetter

Mückenstiche

ins Schwimmbad gehen

Angst vor Gewitter

Urlaub

Freunde sind verreist

im Garten grillen

Regentage

heiß

Sonnenbrand

Eis essen

keine Hausaufgaben

2 Findest du noch mehr Dinge, die du am Sommer schön oder nicht so schön findest? Schreibe sie dazu.

3 Wähle eine Sportart. Schreibe, was du daran magst oder was dir daran nicht gefällt.

Stichwörter nach eigenen Vorlieben zuordnen;
eigene Vorlieben ergänzen;
eigene Vorlieben begründen

Wortfamilien

1 Schreibe den Text ab:
Wie in jedem ...

Wie in jedem Jahr findet auch
in diesem Sommer in Melissas Dorf
der Jahrmarkt statt.

Melissa freut sich schon seit Jahresbeginn
darauf und hat sich das Datum
im Jahreskalender dick angestrichen.

Überhaupt findet sie, dass der Sommer
die schönste Jahreszeit ist, denn am 18. Juli
wird sie neun Jahre alt.

2 Unterstreiche in deinem Text alle Wörter, die zur Wortfamilie **Jahr** gehören:
Wie in jedem Jahr ...

3 Bilde Wörter mit dem Wortstamm **jahr**. Unterstreiche den Wortstamm:
Geburtsjahr, ...

4 Ordne die Wörter zu Wortfamilien. Unterstreiche den Wortstamm:
Großeltern, ...
Badesee, ...
Anzahl, ...

Großeltern Badesee Anzahl bezahlen Größe Seeigel größer
großschreiben Seeufer Nachbarzahl Seehund Mehrzahl
Nordsee Seebär Seerose vergrößern Zahlwort zahlreich großzügig

Wörter mit ck und tz

1 Was passt? Lest den Text und setzt tz oder ck ein.

Gerade beobachteten Hannes und Marie die Bli e
und waren vom Donner erschro en.
Vom Himmel fielen di e Regentropfen.
Aber jetzt reißen die Wolken auf.
Die Straßen werden schon wieder tro en.
Nur in den Pfü en ist noch das Wasser.
Die Kinder verlassen das schü ende Dach.
Sie freuen sich. Wenn sie in die Pfü en treten,
können sie das Wasser weit spri en sehen.
Sie fli en unter der Brü e hindurch nach Hause.

2 Schwinge und ordne die Wörter mit tz und ck:
tz: Blitze, …
ck: erschrocken, …

> Beim Schwingen hörst du kk, beim Schreiben wird daraus ck.
> Ich spreche (Glok-ke), ich schreibe Glo-cke.

3 Schreibe die Reimwörter auf: blitzen, spritzen, …

blitzen	die Blitze	die Pfütze	die Matratze
spr	die W	die M	die K
s	die S	die St	die T

Merkwörter: (M)
plötzlich
jetzt
zuletzt
trotzdem

4 Schreibe die Wörter zu den Bildern.
Male in jedem Wort ck an: die Mücke, …

Hier üben wir

1 Übe den Text: oder oder oder .

Die Badehose

Hannes und Marie treffen sich an der Brücke.
Sie wollen ins Schwimmbad. Die Sonne scheint.
Vor zwei Stunden hat es noch ein Gewitter gegeben.
Mit den Rädern fahren sie durch die großen Pfützen.
Das spritzt! Am Schwimmbadeingang bezahlen sie.
Dann gehen sie sich umziehen. Marie ist schnell fertig.
Sie wartet auf Hannes. Endlich kommt er.

„Was hat denn so lange gedauert?", fragt Marie.
„Ich habe meine Badehose vergessen", sagt Hannes.
Marie lacht: „Dann wirst du heute trocken bleiben."

die Brücke
das Schwimmbad
das Gewitter
die Räder
die Pfütze
es spritzt
er kommt
fahren
bezahlen
gehen
umziehen
groß
fertig
trocken

2 Schreibe alle Nomen aus dem Übungstext.
Benutze Artikel: die Badehose, …

3 Ordne die Wörter nach Nomen, Verben und Adjektiven:

Nomen	Verben	Adjektive
die Brücke	…	…

brücke
fahren
groß

bezahlen
umziehen
fertig

schwimmbad
trocken
eingang

lachen
gewitter
lange

4 Bilde Wörter. Zeichne Silbenbögen: flitzen, …

Ich liebe Bücher

Liederbuch

Roman

Witzebuch

Sachbuch

1 In welchen Büchern lest ihr am häufigsten? Was gefällt euch an den Büchern? Erzählt.

> Ich lese am liebsten Sachbücher, weil …

2 Wann liest du welches Buch? Ordne die Bücher von oben zu: Liederbuch: Ich möchte …

Ich möchte mich informieren.

Ich möchte etwas erzählen und darüber lachen.

Ich möchte lange und gemütlich darin lesen.

Ich möchte die Melodie zu einem Text suchen.

über Lernerfahrungen sprechen; eigenes Leseverhalten reflektieren; Buchgattungen kennen lernen und sich darüber austauschen

Wörtliche Rede in Geschichten

1 Lest den Text. Wie bringt ihr eure Eltern dazu, sich mit euch zu beschäftigen?

Der Stier im Wohnzimmer

Am Samstag ist Lasse alleine mit seinem Vater. Der arbeitet im Garten und Lasse langweilt sich. Er möchte seinen Vater dazu bringen, dass er sich mit ihm beschäftigt.

2 Wer spricht diese Sätze? Lasse oder sein Vater? Überlegt gemeinsam.

Papa, wann bist du fertig?

Ich muss noch Unkraut zupfen. Du kannst mir ruhig helfen.

Nee, danke, vielleicht doch nicht.

Oh, guck doch mal! Auf der Kreuzung ist gerade ein Ufo gelandet!

Tatsächlich? Was es so alles gibt!

Ich glaub, du hast vergessen, den Herd auszuschalten.

Warum kommt dann lauter Qualm aus dem Fenster?

Nun reicht es aber!

Papa, da kommt ein Stier die Straße hoch.

nach Kirsten Boie

3 Wähle passende Redebegleitsätze. Schreibe das Gespräch auf.

fragt | meint | antwortet | ruft | brummt

nörgelt | sagt | ärgert sich | schreit

Geschichten werden **spannender und lebendiger**, wenn du die Personen sprechen lässt.

Wörter, Wörter …

1 Löst gemeinsam das Rätsel.

Was hat einen Deckel wie der Topf auf dem Herd?
Was hat einen Rücken wie im Stall das Pferd?
Was hat so viel Blätter wie im Garten der Baum?
Was machst du auf wie die Tür hier im Raum?
Du hast es nicht erkannt und hältst es in der Hand.

Margret Rettich

2 Ordne die Fachbegriffe den richtigen Erklärungen zu:
Auf dem Buchdeckel …

Auf dem Buchdeckel	sind die Seiten, auf denen Text und Bilder stehen.
Der Buchrücken	ist die schmale Seite des Buches. Im Regal sieht man nur die Buchrücken.
Die Blätter	sind der Buchtitel und das Titelbild abgedruckt.

3 Informiere dich über die Fachbegriffe, die du nicht verstehst.
Ordne sie danach zu und schreibe den vollständigen Text auf:
Am Anfang hat …

Verlag Autor Buchhandlung Druckerei
Illustrationen Titel Bibliothek

Am Anfang hat der ___ eine Idee. Dann beginnt er zu schreiben.
Das fertige Manuskript schickt er an einen ___.
Zusammen überlegen sie sich einen ___ für das Buch.
Für manche Bücher werden ___ erstellt und auf die Seiten gesetzt.
Wenn alles fertig ist, wird das Buch in der ___ gedruckt.
Dann kannst du es in der ___ kaufen oder in der ___ ausleihen.

S. 130

In der Bibliothek

1 Wart ihr schon einmal in einer Bücherei?
Lest den Text und erzählt.

Die Klasse 3b besucht die Stadtbücherei. Frau Kolbe, die Bibliothekarin, erklärt, wie die Bücher angeordnet sind: Es gibt unterschiedliche Bereiche, zum Beispiel Bilderbücher, Kinder- und Jugendliteratur, Sachbücher oder Zeitschriften. In jedem Bereich sind die Buchtitel alphabetisch nach dem Nachnamen der Autoren geordnet. Die Bücher eines Autors sind noch einmal nach dem ABC sortiert.

Bilderbücher

Kinder- und Jugendliteratur

Nun zeigt Frau Kolbe den Schülern eine lange Regalreihe mit Sachbüchern. Hier helfen Schlagwörter wie Sport, Tiere oder Technik, sich zurechtzufinden und das passende Buch aufzuspüren. „Manchmal hilft es auch, sich den Klappentext durchzulesen oder die Bilder anzusehen", erklärt die Bibliothekarin.

Sachbücher

Zum Schluss erklärt Frau Kolbe noch die Ausleihbestimmungen: „Mit dem Bibliotheksausweis könnt ihr die Bücher, DVDs und Spiele kostenlos ausleihen und das Internet nutzen."

Zeitschriften

2 Ordne die Buchtitel den passenden Bereichen aus dem Text zu.
Du kannst dir die Buchtitel im Internet genauer ansehen:
Bilderbücher: ...

Sommer im Möwenweg

Eddies Lügengeschichten

Das Grüffelokind

Das Lexikon der Saurier

Geolino

Das Weltall: Sterne und Planeten

Die kleine Raupe Nimmersatt

Bravo

3 Finde zu jedem Schlagwort im Text mindestens vier Sachbuchtitel.
Du kannst dir auch Titel ausdenken.

4. Jo-Jo-Test

Wörter richtig schreiben

1 Finde die Reimwörter und schreibe sie auf.

Glocke	Spritze	backen	schmatzen	Schnecke
Fl	H	p	pl	D
L	R	kn	kr	Str
S	W	h	schw	Z

2 Schreibe die Wörter getrennt auf.

manchmal	Kinder	schlafen	Arme
Daumen	gezupft	raten	Runde

Wortfamilien

3 Ordne die Wortfamilien. Unterstreiche den Wortstamm.

Süßstoff Heißluftballon versüßen heißgeliebt größer
groß süß Großeltern vergrößern Süßigkeit Größe
heiß Süßspeise Heißhunger knallheiß

Fehler finden

4 Findest du die neun Fehler?
Schreibe den Text richtig ab.

Mit der Klasse haben wir einen Ausfluk gemacht.
Als wir beim Spilplatz ankamen, fing es plötzlich an zu Regnen.
schnell haben wir fersucht, Schutz vor dem Regen zu finden.
Aber wir sind alle nas geworden. Auf dem Rückweg
haben wir fiele lustige Lider gesungen. Es war ein Schöner Tag.

Wörter mit ie, ck und tz richtig schreiben;
Wörter nach Wortfamilien ordnen;
Fehlerwörter finden und berichtigen

In der Vergangenheit schreiben

5 In der 5. Klasse erinnert sich Malte.
Schreibe Maltes Erinnerung in der Vergangenheit.

Malte schreibt: Ich gehe in die Grundschule. Mein Lieblingsfach ist Mathe, denn ich kann sehr gut kopfrechnen. Auch Sport macht mir sehr viel Spaß. In Deutsch schreibe ich oft spannende Aufsätze. Außerdem mag ich Englisch. In den Pausen spiele ich am liebsten Fußball.

Fragen beantworten

6 Lies, wie Blitze entstehen.
Beantworte die Fragen in vollständigen Sätzen.

Im Sommer verdunstet durch die Sonne mehr Wasser aus Flüssen und Seen als zu kälteren Jahreszeiten. Wasserteilchen steigen nach oben und bilden Wolken aus Wassertröpfchen. Steigen die Wasserteile noch höher in kältere Luftschichten, werden sie zu Eiskristallen.

Die Temperaturunterschiede und das Aneinanderreiben von Eiskristallen und Wassertröpfchen führen zu elektrischer Spannung. Wird die Spannung zu groß, entstehen Blitze.

1 Wie entstehen Wolken?
2 Warum verwandeln sich Wasserteilchen in Eiskristalle?
3 Wodurch entsteht elektrische Spannung?
4 Warum gibt es im Sommer häufig Gewitter?

Wörter und Texte richtig schreiben üben

Abschreiben 

Dosendiktat 

Partnerdiktat 

Schreibe in Schreibschrift.
Achte darauf, dass andere
deine Schrift gut lesen können.

Schleichdiktat 

Suche dir für deinen Übungstext einen besonderen Platz (Fensterbrett, Regal ...).

Lies den ersten Satz und präge dir die Wörter gut ein.

Schleiche an deinen Arbeitsplatz zurück und schreibe den Satz auswendig auf.

Übe so alle Wörter und Sätze.

Vergleiche zum Schluss mit der Vorlage. Streiche Fehlerwörter mit dem Lineal durch. Schreibe sie am Ende des Textes neu.

Hast du ein Wort ausgelassen, kennzeichne die Stelle und notiere das Wort am Ende des Textes. Fehlerwörter kannst du mit der Wörterkiste üben.

Mit der Wörterkiste üben 

Lege für jedes Übungswort
eine Karteikarte an.
Schreibe das Wort auf die **Vorderseite**.

Auf die **Rückseite** der Karteikarte
kannst du verwandte Wörter schreiben.
Schlage dazu im Wörterbuch nach.

Kontrolliere jeden Buchstaben.
Stecke deine Karte in das Fach
Dosendiktat.

Übe am nächsten Tag die Wörter
als Dosendiktat.

Hast du die Wörter richtig geschrieben,
kommt die Karte ins Fach Partnerdiktat.

War ein Wort falsch, dann steckst du sie
wieder in das Fach Dosendiktat.

So übst du, bis du die Wörter
als Schleichdiktat schreiben kannst.

Groß oder klein?

Wenn du nicht weißt, ob du ein Wort großschreiben oder kleinschreiben sollst, überlege:

Steht es am **Satzanfang**? Schreibe **groß**.
Ist es ein **Nomen**? Schreibe **groß**.

Alle anderen Wörter schreibst du **klein**.

So erkennst du Nomen:

Probiere, ob du die Artikel der, die oder das vor das Wort setzen kannst.

Probiere, ob es das Wort in der Mehrzahl gibt.
Achtung: Manche Nomen haben keine Mehrzahl!

Probiere, ob du ein Adjektiv vor das Wort setzen kannst.

Nomen können durch Pronomen ersetzt werden.
Ich, du, er, sie, es, wir, ihr, sie (alle) sind Pronomen.

Wörter verlängern

Bei manchen Wörtern hörst du p, t oder k am Wortende oder am Wortstammende. Du schreibst aber b, d oder g. Wenn du unsicher bist, verlängere das Wort.

der Berg – die Berge
der Freund – die Freunde

Bei Nomen kannst du die Mehrzahl bilden.

er lebt – leben

Bei Verben hilft dir die Grundform.

gelb – die gelbe Banane
lustig – der lustige Film

Bei Adjektiven kannst du eine Wortgruppe bilden. Wenn du immer noch unsicher bist, schlage im Wörterbuch nach.

Wörter ableiten

Wörter mit e oder ä klingen oft sehr ähnlich, Wörter mit eu oder äu klingen gleich. Wenn du unsicher bist, leite das Wort ab.

Du schreibst ä, wenn du ein verwandtes Wort mit a findest:
Bänke – Bank,
Räder – Rad.

Du schreibst äu, wenn du ein verwandtes Wort mit au findest:
Träume – Traum,
Schläuche – Schlauch.

Ordnen und nachschlagen

1 Ordne die Angebote auf dem Rummel nach dem ABC, zuerst die auf der linken, dann die auf der rechten Seite:
Achterbahn, …

2 Ordne die Luftballons nach dem ABC, zuerst die blauen, dann die roten, dann die grünen:
Haar, …

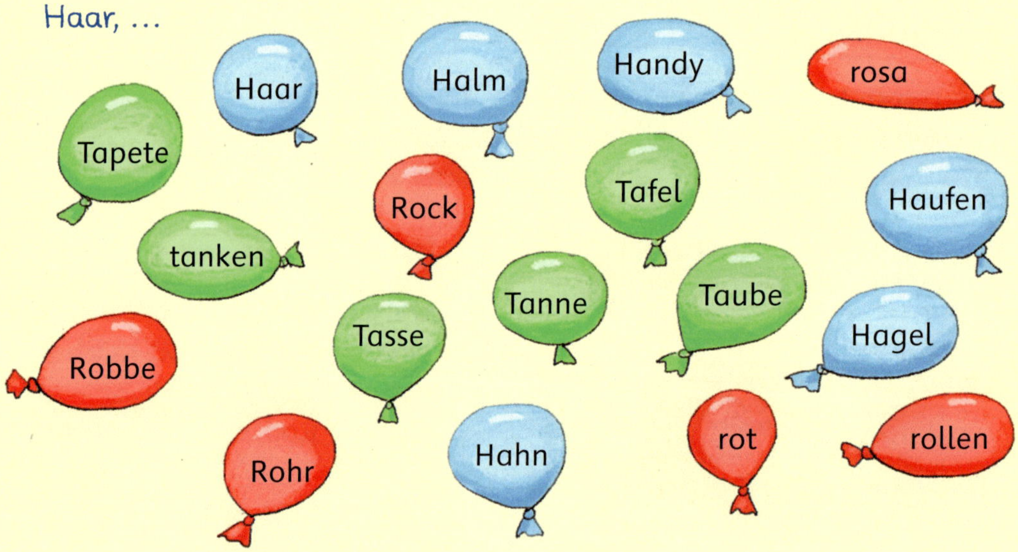

3 Finde diese Wörter in der Wörterliste: die Ecke, …

das erste Wort mit E	das letzte Wort mit T
das erste Wort mit S	das letzte Wort mit N
das erste Wort mit L	das letzte Wort mit F

4 Ordne die Süßigkeiten der beiden Verkäufer nach dem ABC.

Lutscher
Lakritzschnecken
Gummischlangen
Gummibärchen
Schaumwaffeln
Schokoriegel
Schokobananen
Bonbons

Schokoküsse
Fruchtgummi
Schokolinsen
Zuckerwatte
Zitronenbrause
Zuckerstangen
Mandeln
Popcorn

5 Suche jedes Wort in der Wörterliste.
Schreibe es mit dem Stichwort darunter auf:
klein – klettern, …

klein • beide • alt • dick • ihr • etwas • grün • still
welche • nass • Verkehr • richtig • Quark • Schmutz

6 Ordne die Namen der Kinder aus jedem Karussell nach dem ABC.

7 Schreibe Sätze, die mit den Buchstaben des ABC beginnen.
Wie weit kommst du?
Alle Kinder gehen gerne auf den Rummel.
Besonders gern mögen sie die Karussells.
Clara mag am liebsten …

Wörter mit doppeltem Mitlaut

1 Ordne die Wörter nach ihrer Silbenzahl.
Male die doppelten Mitlaute an:
◡◡: Flagge, …
◡◡◡: …

Baustelle doppelt Treffer allein
Flagge Gruppe Eiswaffel
essen Füller besser Dachrinne
gewinnen offen Gitarre

2 Ordne die doppelten Mitlaute richtig zu:
Jammer, …

tt mm

Ja__er Kerzenfla__e Schme__erling Sti__e Gewi__er
Ke__e zusa__en Ze__el kle__ern i__er ha__e

3 Finde im Text alle Wörter mit doppeltem Mitlaut.
Male die doppelten Mitlaute an: wollen, …

Viele Kinder wollen einen Hund haben.
Hunde sind nämlich tolle Spielkameraden.
Es gibt viele verschiedene Hunderassen,
beispielsweise Schäferhund, Dogge oder Terrier.
Manchmal können wir Hunde beim Träumen
beobachten. Dann bellen oder knurren sie leise.

Aber: Alle Hundebesitzer brauchen
sehr viel Zeit, Geduld und Geld für ihr Tier.
Nichts ist schlimmer für einen Hund,
als immer allein in der Wohnung zu sein.
Hunde sind Allesfresser und benötigen jeden Tag
eine gehörige Portion an Tierfutter und Wasser.
Auch die Anschaffung selbst ist je nach Rasse sehr teuer.

S. 6 Arbeitsheft

4 Schreibe die passenden Wörter zu den Bildern.
Male die doppelten Mitlaute an: Koffer, …

5 Finde zu jedem Wort mindestens ein Reimwort.
Male die doppelten Mitlaute an: Falle – …,

Falle   Zelle   Lippe   Klette   Gramm

6 Hier sind die Silben vertauscht. Schreibe die Wörter richtig auf.
Male die doppelten Mitlaute an: Futterstelle, …

Stelfutleter	Wetnerdonter	Sonlenenbril	Tofkarpesupfel
Zimpeldopmer	Pemapmelsam	Wasteserrat	Pulrenloherver

7 Finde passende Wörter mit einem doppelten Mitlaut.
Schreibe den vollständigen Text:
Katzen haben …

Katzen haben scharfe ___.
Sie ___ auf Bäume.
Sie dösen gerne im ___
von Bäumen oder Büschen.
Sie fangen und ___ gerne Mäuse.
Sie ___, wenn man sie streichelt.

Wörter mit ck und tz

1 Schwinge die Wörter. Ordne die Wörter nach tz und ck:

tz	ck
Kratzer	…

Kratzer schicken Zucker trocken locker
Pfütze schwitzen putzen anspitzen Acker verletzen
platzen Wecker glitzern entdecken Ecke

2 Finde die passenden Reimwörter:
platzen, kratzen, …

platzen spritzen petzen glotzen
protzen hetzen kratzen anspitzen
erhitzen setzen schmatzen motzen
schwatzen blitzen trotzen zerfetzen

3 Bilde möglichst viele Wörter: Backe, …

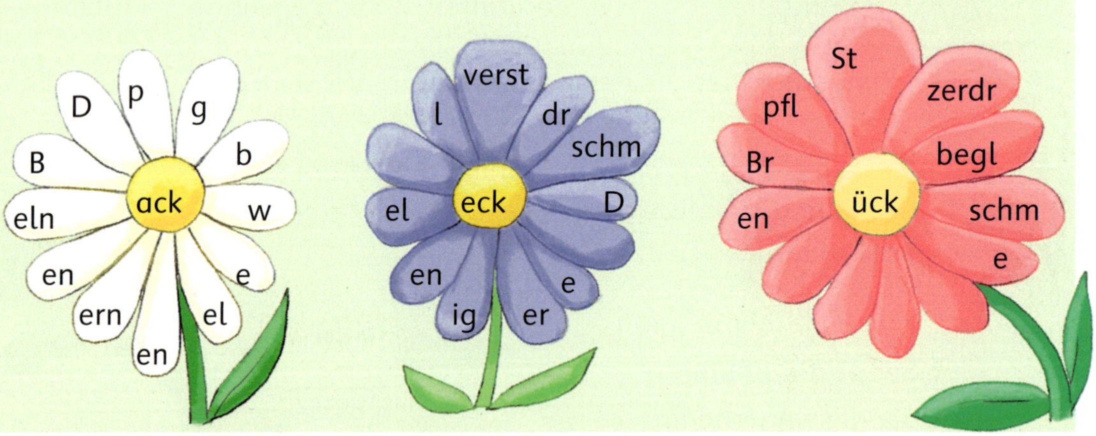

Beim Schwingen hörst du kk, beim Schreiben wird daraus ck.
Ich spreche Glok-ke, ich schreibe Glo-cke.

Wörter mit nk und ng

1 Schreibe die Sätze mit den passenden Verben.
Male ng an: *Wir springen …*

singen • hängen • bringen • springen

Wir ___ manchmal ins Wasser.

Wir ___ alle Bilder an die Wand.

Wir ___ unserer Oma Gänseblümchen.

Wir ___ gerne lustige Lieder.

2 Schreibe die Sätze mit den passenden Verben. Male nk an.

schenken • trinken • winken • schminken

Wir ___ uns manchmal heimlich mit Mamas Lippenstift.

Wir ___ gerne Apfelsaftschorle.

Wir ___ unseren Eltern ein rotes Herz.

Wir ___ unseren Nachbarskindern zu.

3 Setze ng oder nk ein. Ordne die Wörter:

ng	*nk*
fangen	*…*

fa__en zwi__en erkra__en fu__en verla__en

geli__en hi__en vordrä__eln za__en sche__en

da__en de__en kli__en wa__en hä__en

S. 10 Arbeitsheft

4 Löse die Rätselsätze und schreibe sie auf. Male ng oder nk an:
Das Gegenteil vom …

Hunger • Zunge • Onkel • Krankenwagen • Punkt • Anfang

Das Gegenteil vom Ende ist der ___.
Freche Kinder strecken anderen Menschen die ___ heraus.
Vergiss am Ende eines Aussagesatzes den ___ nicht!
Du hast ___ und möchtest etwas essen.
Der Bruder deiner Mutter ist dein ___.
Der ___ darf mit Blaulicht und Martinshorn fahren.

5 Bilde zusammengesetzte Nomen. Male ng oder nk an:
die Fahrradstange…

6 In jeder Zeile ist ein Kuckucksei. Schreibe nur die Wörter auf, in die ng oder nk passt: *eng, …*

e___ pi___ ju___ Ri___e Ti___ kra___ la___

stre___ Gesche___ Fi___er fli___ Kli___el Bau___

Gesa___ Gesta___ Ne___ Geträ___ schla___

7 Finde die passenden Wörter. Schreibe die Sätze auf:
Viele Menschen singen …

Viele Menschen s___ gerne zusammen mit anderen.
Es ist sehr tragisch, wenn Schiffe s___.
Meine Oma hat außer mir noch zwei E___.
Ein Bote Gottes mit Flügeln ist ein E___.
Gestern h___ die zwei Kunstwerke noch an der Wand.
Zwei Spieler h___ mit Verletzungen vom Spielfeld.

Viele Mitlaute nebeneinander

1 Lies den Text. Sprich die roten Wortteile sehr deutlich.

Kürzlich haben wir ein Projekt
über Getreide verwirklicht.
Jede Tischgruppe erhielt eine Pflanzenart.
Wir haben die Gerste bekommen.
Aus Zeitschriften, aus Büchern und
im Internet sammelten wir Informationen.
Wir schrieben kleine Texte, zeichneten
und schnitten viele Bilder aus.
Damit gestalteten wir unser Plakat.
Für unseren Vortrag schenkte uns
eine Freundin ein paar Halme,
die wir in der Klasse ausstellen durften.

2 Schreibe die Wörter mit den roten Buchstaben auf.
Male die roten Buchstaben in deinen Wörtern an:
kürzlich, …

3 Setze die Wörter zusammen: Pflasterstein, …

Pflas stein ter

te Kat zen pfo

kel pferd Schau

ze pflan Grün

ken pfle ger Kran

Stor chen bel schna

sel chen Streu ku

Laut spre cher

4 Schreibe den Satz mit der passenden Personalform:
Unsere Katze schleicht …

schimpfen • schmunzeln • schluchzen • stampfen • schleichen

Unsere Katze ▢ sich lautlos an die Beute heran.

Tim und Leon ▢, weil sie noch nicht schlafen wollen.

Oma ▢, als sie uns das Geschenk überreicht.

Papa ▢, weil unsere Schultaschen im Eingang liegen.

Anna ▢ voller Wut mit dem Fuß auf den Boden.

5 Ordne richtig zu und schreibe die Wörter.
Kontrolliere mit der Wörterliste:
Bluse, …

B oder P   D oder T

▢luse ▢lüte ▢raum ▢lakat ▢rache

▢latte ▢rille ▢rief ▢rodukt ▢resse

▢romedar ▢aumstumpf ▢ropfen ▢flaumenkuchen

6 Schreibe die Wörter richtig auf: Getreidepflanze, …

Getreidepflanze Kampfsport Sprachbuch Gletscherspalte

Kirchenglocke Saftglas Streitschlichter Drachenblut

Baukran Wassergraben Schulklasse Regenkleidung

7 Schreibe die Wörter zu den Abbildungen auf:
Pfirsich, …

Verlängern: b, d, g am Wortstammende

1 Finde die Wortpaare. Schreibe sie auf.
Male b, d, g am Wortende an:
Abende – Abend, ...

Abend	Betrieb	Erfolg	Fink	Stab
Erfolge	Finken	Abende	Betriebe	Stäbe

Schlag	Tag	Grab	Lied	Pfad
Gräber	Pfade	Schläge	Tage	Lieder

2 Finde passende Einzahlwörter.
Male b, d, g am Wortende an:
Badeanzüge – Badeanzug, ...

Badeanzüge	Gräber	Taschendiebe	Fensterbänke
Gesichter	Rinder	Wälder	Tannenzweige
Motorräder	Dienstage	Schleichwege	Kataloge

3 Finde im Text die passende Personalform.
Schreibe die Wortpaare: fragen – sie fragt, ...

fragen	sagen	schreiben
üben	schieben	zeigen

Anna schreibt einen Text.
Sie zeigt ihn ihrer Mutter und fragt:
„Findest du noch Fehler?“
Sie sagt: „Man schreibt Wetterhahn mit h.“
Sie schiebt das Heft wieder zu Anna.
Anna übt das Fehlerwort noch einmal.

S. 14 Arbeitsheft

4 Finde zu den Verben in der Grundform die Personalform mit **er**.
Schreibe die Wortpaare: bleiben – er bleibt, …

bleiben	geben	fragen	glauben
heben	jagen	legen	leben

5 Schreibe zu jedem Bild passende Wortpaare:
Könige – König, …

6 Schreibe zu jedem Rätsel die passende Lösung:
Der …

Der Torwart trägt sie an den Händen: ___.
Du hast es nachts im Bett an: ___.
Hier wirfst du Pappe und Papier hinein: ___.
Darauf kannst du im Park sitzen: ___.

7 Schreibe die Sätze mit den passenden Verbformen:
Heute fliegt …

fliegen • tragen • erleben • legen • schieben

Heute ___ Jan mit seinen Eltern in den Urlaub.
Er ___ den ersten Flug in seinem Leben.
Papa ___ den Wagen mit den schweren Koffern.
Mama ___ eine Tasche unter dem Arm.
Am Schalter wartet eine lange Menschenschlange.
Als Papa an der Reihe ist, ___ er die drei Tickets vor.
Die Dame am Schalter wünscht allen einen guten Flug.

Verlängern: Adjektive

1 Finde zu jedem Wortzettel das passende Adjektiv im Text:
die gesunde Uroma – gesund, …

die gesunde Uroma	das kalte Wasser
der liebe Uropa	die lustigen Geschichten
der mutige Karl	der laute Schrei
das taube Ohr	die wilden Jungen

Meine Uroma ist richtig gesund.
Nur auf einem Ohr ist sie fast taub.
Ich muss oft laut schreien, damit sie mich versteht.
Manchmal erzählt sie mir Geschichten,
die sehr lustig sind. Früher spielte sie am liebsten
mit ihren Nachbarjungen, Karl und Theo.
Die waren so wild! Bei einem Verfolgungsrennen fiel sie
einmal mitten in den Bach. Brr war das Wasser kalt!!!
Mutig sprang Karl hinterher und rettete sie.
Heute ist Karl mein Uropa. Er ist sehr lieb.

2 Finde zu jedem Adjektiv ein passendes Nomen
und verlängere das Adjektiv: klug - das kluge Kind, …

Kind

Film

Gewichtheber

Hose

Mädchen

Apfel

Wetter

Zöpfe

halb
blond
klug
stark
traurig
trüb
weit
wütend

3 Zähle die abgebildeten Gegenstände.
Schreibe die Nomen mit den passenden Adjektiven auf:
rund – fünf runde Kugeln, …

bunt
gelb
gesund
rund
schlank
schräg

4 Bilde aus den Nomen Adjektive mit -ig. Schreibe mindestens fünf Adjektive mit einem passenden Nomen auf:
goldig – der goldige Hamster, …

Gold • Dreck • Durst • Lust • Geduld
Vorsicht • Staub • Unschuld

5 Was passt: -lig oder -lich? Die Wörterliste hilft.
Finde zu allen Adjektiven ein passendes Nomen:
der stachelige Igel, …

stache__ bil__ ehr__ hei__ gefähr__
fröh__ ärger__ langwei__ gruse__ natür__

6 Schreibe den Text mit den vollständigen Adjektiven:
Ich lese …

Ich lese gerne Abenteuerbücher. Sie sind so spannen__.
Neugieri__, wie ich bin, lese ich und lese und lese.
Wenn ich aber zu spä__ schlafe, wird meine Mutter wüten__.
Am nächsten Morgen ist meine Laune auch schlech__,
weil ich müde bin. Aber in der Schule werde ich bewundert,
weil meine Fantasie so gu__ ist.

Ableiten: Wörter mit ä und äu

1 Was siehst du auf den Bildern? Schreibe die Wortpaare auf:
Zaun – Zäune, …

2 Finde verwandte Wörter mit a und au. Schreibe die Wortpaare:
Arm – Ärmel, …

Ärmel   Nächte   Fensterläden   Träume   Mäuse

Gänsehaut   ängstlich   gebräunt   Verkäuferin

3 Schreibe die Sätze mit den passenden Verben.
Achte auf die richtige Personalform:
Oma feiert ihren …

vortragen • schlagen • anfangen • hinfallen • ~~halten~~ • gefallen

Oma feiert ihren 70. Geburtstag.
Alle kommen. Opa ___ eine Rede.
Simon ___ ein Gedicht ___.
Oma ___ mein Geschenk.
Jana ___ ___ zu essen.
Der kleine Max ___ ___ und
___ sich das Knie blutig.

S. 18 Arbeitsheft

4 Bilde Wörter mit ä und äu. Finde passende Ableitungen und schreibe die Wortpaare: *Vorräte – Vorrat, …*

Vorr erkl j abz Abf Gr	ä	te ren lle mmerlich hlen ser
Geb Eink aufr Gem sch L	äu	er men men fe fer de

5 Schreibe die Wörter zu den Bildern. Finde passende Ableitungen. Schreibe die Wortpaare: *Häuser – Haus, …*

6 Lies den Text mit den passenden Lauten: ä oder e, äu oder eu. Finde zu Wörtern mit ä und äu verwandte Wörter mit a und au: *Männer – Mann, …*

In den Ferien machte ich mit Fr_nden einen M_nnerausflug.
Früh morgens sattelten wir unsere R_der und radelten los.
Es ging an bunten Wiesen und großen F_ldern vorbei.
Unter Schatten spendenden B_men hielten wir die _rste Rast.
Wir st_rkten uns mit belegten Broten, Obst und Getr_nken.
Um uns herum roch es nach H_. Hm, wie das duftete!
Wir fuhren weiter. An einem Badesee machten wir ern_t Pause.
Wir erfrischten uns im kühlen Wasser und legten uns in die Sonne.
Ich schloss meine Augen und begann vor mich hin zu tr_men.
Plötzlich spürte ich eiskaltes Wasser auf meiner Haut.
Ich schr_ckte hoch. Von lautem Gel_chter begleitet stand
Samuel mit einer leeren Flasche in der Hand dir_kt vor mir.
Zuerst war ich verärgert, doch dann musste ich auch grinsen.

7 Schreibe den vollständigen Text: *In den Ferien …*

Merkwörter mit langem i-Laut (M)

1 Lies den Text laut vor. Schreibe danach alle Wörter mit langem i-Laut heraus. Sie werden ohne ie geschrieben: Sofia, …

Sofia und Lisa gehen einkaufen.
Für Mama müssen sie ein Kilo Mandarinen, einen Liter Öl, Rosinen und Oliven besorgen.
Fast hätten sie die Margarine vergessen.
Außerdem möchten die Mädchen eine Flasche Limonade haben. Auf dem Weg zur Kasse meint Lisa: „Hier gibt es Pralinen. Sollen wir Omi eine Packung schenken?"
„Einverstanden. Mir schmecken diese da prima", antwortet Sofia. Zu Hause sagt Lisa zu ihrer Mutter:
„Wir müssen dir noch das Geld für die Pralinen geben."
Darauf erklärt die Mutter: „Das passt schon.
Wir machen daraus einfach ein Familiengeschenk."

2 Was kauft eure Familie ein? Schreibe mindestens fünf Sätze. Male das i in **wir** an: Wir kaufen …

3 Schreibe immer zwei zusammengesetzte Nomen: Augenlid, Lidschatten, …

Augen Lid Schatten Daumen Kino Karte

Kleider Fabrik Halle

Flöten Musik Stunde Autobahn Polizei Kontrolle

S. 20 Arbeitsheft

4 Löse die Tierrätsel: Wir haben Stacheln: …

Tiger • Nilpferde • Pinguine • Biber • Igel • Krokodile • Kaninchen

Wir haben Stacheln: ___.
Wir sind sehr schwer: ___.
Wir leben in der Antarktis: ___.
Wir nagen gerne an Holz: ___.
Wir knabbern gerne an Karotten: ___.
Wir haben panzerartige Schuppen als Haut: ___.
Wir dösen gerne im Schatten von Sträuchern: ___.

5 Finde die passenden Endungen. Ordne die Wörter. Manchmal passen auch beide Endungen für die Einzahl und die Mehrzahl:
Wörter mit -in: Kamin, …
Wörter mit -ine: …

Kam Masch Trampol Gard Term
Law Mediz Vitam Benz Kab
Kant Magaz Apfels

in
ine

6 Schreibe zu den Bildern die Wörter mit i.
Kontrolliere jedes Wort mit dem Wörterbuch: Fibel, …

7 Bilde aus den Silben Wörter: Musik, …

Mu Po Ski Ap Man Ri Li Fa
an fel sik li da ne brik si
zei ri ko si zug al
ne ne

Merkwörter mit h (M)

1 Zähle genau. Schreibe die Zahl zu den jeweiligen Wörtern auf.
Male in allen Wörtern das h an:
4 Bilderrahmen, …

Bilderrahmen • Kaffeebohnen • Kühlschrank
Stuhl • Mehlpackung • Ohrring
Rührbesen • Schlagsahne • Uhr • Wasserhahn

2 Löse die Rätselsätze. Male in jeder Lösung das h an:
Das Huhn legt Eier. …

Fohlen • Hahn • Höhle • Huhn • Mähne • Rotkehlchen

Das ___ legt Eier.
Das ___ ist das Jungtier eines Pferdes.
Das ___ ist ein Vogel, der bei uns überwintert.
Der ___ stolziert auf dem Misthaufen.
Der Löwe hat eine lange und struppige ___.
Der Bär lebt in einer ___.

S. 22 Arbeitsheft

3 Schreibe die Sätze mit den passenden Wörtern:
Nach dem …

mehreren • Abwehrspieler • vermehrt • Feuerwehr • wehrt

Nach dem Notruf ist die ___ sofort zur Stelle.
Jonas ___ sich bei seinem Judokampf tapfer.
Unsere ___ sind in guter Form.
Seit ___ Tagen suche ich verzweifelt meine Brille.
Das Unkraut im Garten hat sich stark ___.

4 Bilde zu jedem Verb in der Grundform zwei Personalformen:
fahren , ich fahre, er fährt, …

fahren fühlen fehlen berühren erzählen
gähnen wohnen wählen zahlen

5 Bilde Wörter und schreibe mit jedem Wort einen Satz:
Das Geburtstagskind sitzt auf einem Ehrenplatz. …

Ehren • Sieger • unehr • ehr • ver
lich • geizig • platz • ehren • ehrung

6 Schreibe die Sätze mit den passenden Pronomen:
Jule fährt mit ihrer Mutter …

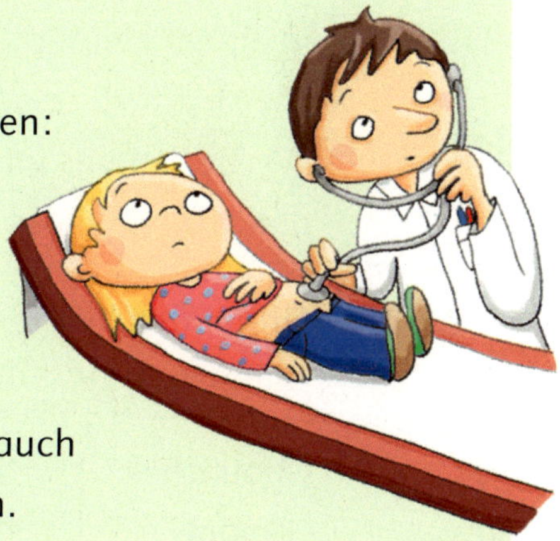

ihren • ihrer • ihren • ihm

Jule fährt mit ___ Mutter zum Kinderarzt.
Seit gestern Abend hat sie Bauchschmerzen.
Der Kinderarzt untersucht gewissenhaft ___ Bauch
und wundert sich: Alles scheint normal zu sein.
Mutter glaubt ___. Sie sagt: „Jules Bauchschmerzen
kommen sicher von ___ vielen Naschereien
in den vergangenen Tagen.“

Merkwörter aus anderen Sprachen (M)

1 Schreibe zu jedem Bild das passende Nomen:
1 Jeans, …

Jeans
Trampolin
Klavier
Clown
Iglu
Mais
Computer
Stadion

2 Viele deutsche Wörter stammen aus der lateinischen Sprache.
Ersetze die lateinischen durch passende deutsche Begriffe:
In den Ferien …

In den feriae besuchen wir manchmal meinen Onkel.
Er arbeitet als medicus. Mit seiner familia wohnt er
in einem kleinen Ort in der Schweiz.
Die strata zu seinem Haus ist sehr schmal.
Wir freuen uns immer auf den leckeren caseus,
den wir dort bekommen.

deutsche Begriffe:
Mediziner
Straße
Ferien
Käse
Familie

3 Ordne den Wörtern die passende Erklärung zu.
Schreibe ganz Sätze: Eine Bibliothek ist eine …

Bibliothek	offene Feuerstelle
Kamin	Schauspielhaus
Chaos	völliges Durcheinander
Theater	Bücherei

4 Ordne die Speisen ihren Herkunftsländern zu: Speisen aus Italien: ...

Italien

Frankreich

England/Amerika

Chips Cheeseburger
Ketchup Steak

Baguette Champignon
Omelette Crêpe

Spaghetti Salami
Gnocchi Tiramisu

5 Schreibe die Sätze mit den passenden Lösungen.
Kontrolliere die eingesetzten Fremdwörter mit der Wörterliste oder dem Wörterbuch: Jemand ...

Jemand, der mit Sportlern arbeitet, ist ein T___.

Ein Wörterbuch ist ein L___.

Ein Säugling ist ein B___.

Ein heißes Getränk aus gemahlenen Bohnen ist K___.

Ein anderes Wort für Rechnen ist M___.

6 Manche Wörter kommen aus der englischen, manche aus der französischen Sprache. Ordne zu:
englisch: Gentleman, ... französisch: ...

Gentleman Cowboy Bonbon merci Shampoo
Team Gelee Bodybuilding surfen Croissant
Dessert Snack Fan Raclette City

7 Erkläre die Bedeutung der Wörter. Schreibe in ganzen Sätzen:
Ein Portmonnee ist ...

Portmonnee

Shop

Mountainbike

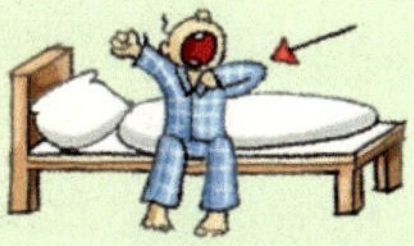

Pyjama

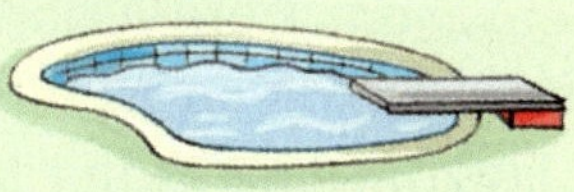

Swimmingpool

Snowboard

Nomen, Artikel, Einzahl, Mehrzahl

1 Was siehst du auf den Bildern?
Schreibe die Nomen mit dem bestimmten Artikel auf:
1 der Apfel, …

2 Setze vor die Nomen aus Aufgabe 1 die unbestimmten Artikel.
Trage die Wörter in eine Tabelle ein:

ein	eine
ein Apfel	…

3 Finde in jedem Satz das Nomen.
Schreibe es mit dem Artikel in der Mehrzahl auf:
die Wolken, …

Die Wolke ist sehr dunkel.
Ich laufe in das Haus.
Ich schließe das Fenster.
Ich gucke auf die Straße.
Die Pfütze ist riesig.
Der Hund wird nass.

Nomen bezeichnen Menschen, Tiere, Pflanzen und Dinge.
Nomen haben die **Artikel** der, die, das, ein, eine.
Nomen können in der **Einzahl** und in der **Mehrzahl** stehen:
der Tisch – die Tische, die Tafel – die Tafeln, das Heft – die Hefte.

S. 26 Arbeitsheft

4 Finde im Text alle Nomen. Schreibe sie in der Einzahl und in der Mehrzahl mit dem bestimmten Artikel auf:
das Fahrrad – die Fahrräder, …

Ich fahre mit dem Fahrrad zur Schule.
In meinem Korb habe ich einen Ball.
Wir wollen heute in der Pause damit spielen.
Hoffentlich fällt er nicht auf die Straße!
Geschafft – ich lege ihn erst einmal unter den Tisch.

5 In jeder Reihe ist ein Wort kein Nomen. Schreibe nur die Nomen mit unbestimmten Artikeln und großen Anfangsbuchstaben auf:
eine Jacke, …

jacke koffer raum schuh bank dünn kerze höhle
tüte vase eng igel brot fuß suppe korb
haar puppe buch krank fahrrad beere teller kleid

6 Schreibe die Nomen mit Artikel in der Mehrzahl auf.
Male die Buchstaben an, die in der Mehrzahl dazugekommen sind.
Finde zu jeder Endung ein weiteres Nomen:
die Büros, die Sofas, die Mofas, …

Bild, Kleid, …

Büro, Sofa, …

Kerze, Gurke, …

Brief, Heft, …

7 Einige Nomen aus dem Kasten gibt es nur in der Einzahl.
Schreibe diese Nomen mit Artikel auf: die Wut, …

Wut • Baum • Schreck • Tür • Hunger
Butter • Glück • Loch • Schnee • Hund

8 Finde weitere Nomen, die es nur in der Einzahl gibt.
Die Wörterliste hilft.

Verben: Grundform und Personalform

1 Schreibe den Text ab.
Setze passende Verben ein:
Die Kinder fahren mit …

stößt • fahren • verletzt • schimpft • sitzen • turnt

Die Kinder ▢ mit dem Bus.
Julia ▢ Mateo in den Rücken.
Jona ▢ auf dem Sitz herum.
Der Busfahrer ▢.
Die Kinder ▢ wieder ordentlich auf ihrem Platz. So ▢ sich niemand.

2 Was tust du gerne? Wähle Verben. Schreibe Sätze mit **Ich**.
Überlege dir weitere Verben, die zu dir passen:
Ich hüpfe gerne. Ich …

hüpfen • rechnen • arbeiten • reisen
laufen • putzen • trinken • singen

3 Schreibe die Sätze ab.
Unterstreiche in jedem Satz das Verb:
Alle tun etwas: …

Alle tun etwas:
Ich backe einen Kuchen.
Elisa putzt ihre Schuhe.
Ben und Tim füttern die Katze.
Du erzählst mir einen Witz.
Mama telefoniert mit Oma.
Papa schält die Kartoffeln.

Wörter, die sagen, was jemand tut oder was geschieht, nennt man **Verben**.
Verben haben eine **Grundform**: ziehen.
Verben haben verschiedene **Personalformen**:
ich ziehe, du ziehst, er/sie/es zieht, wir ziehen, ihr zieht, sie ziehen.

4 Schreibe auf, was die Kinder in ihrer Freizeit machen.
Unterstreiche die Verben: Siri und Jana <u>tanzen</u> Ballett.

Siri und Jana • Tom • Felix und Mario • Sara • Anne

5 Finde in jedem Satz das Verb. Schreibe es in der Personalform und in der Grundform auf:
sitzt – sitzen, …

Timo sitzt auf seinem Koffer. Frau Müller wartet ungeduldig.
Petra kauft eine Zeitschrift. Anna kommt die Treppe herauf.
Ich umarme meine Mutter. Der Zug fährt los.

6 Schreibe jedes Verb in allen Personalformen auf:
ich …, du …

sehen • geben • können • wollen • werfen

7 Finde alle zwölf Verben im Text:
spielen, trainiert, …

Indianerkinder spielen gern Kaipsak.
Dieses Spiel trainiert die Schnelligkeit
und fördert die Geschicklichkeit.
Es sitzen 10–20 Kinder im Kreis.
Ein Kind dreht einen Kreisel und
rennt dann schnell um den Kreis.
Bevor der Kreisel wieder ruht,
muss sich das Kind setzen.
Dann kommt das nächste Kind an die Reihe.
Es gewinnt, wer die meisten Runden läuft.

Wortstamm und Endung

1 Immer drei Wörter gehören zusammen. Schreibe sie nacheinander auf.
Unterstreiche den Wortstamm:
führen, ich führe, er führt, …

2 Schreibe zu jedem Pronomen den Wortstamm
mit der passenden Endung. Male die Endung an:
ich gehe, du gehst, …

ich	geh	e
du		st
er/sie/es	hör	t
wir		en
ihr		t
sie		en

3 In jedem Satz ist ein Verb. Schreibe alle Verben auf.
Male in jedem Verb die Endung an:
geht, …

Kemal geht heute in den Zirkus.
Die Vorstellung beginnt pünktlich.
Der Direktor führt durch das Programm.
Er zeigt auch eine Löwennummer.
Kemal staunt besonders über die Trapezartisten.
Zwischendurch macht ein Clown Quatsch.
Die Kapelle spielt schnelle Musik.
Kemal klatscht begeistert in die Hände.

S. 30 Arbeitsheft

4 Schreibe das Gespräch auf.
Setze das Verb **schlafen** in der passenden Form ein:
Arne: Sören, schläfst du schon?…

Arne: Sören, ___ du schon?
Sören: Ich ___ noch nicht.
Arne: Kannst du jetzt ___?
Sören: Mann, sei leise! Ich ___ schon fast!
Mama: Ihr ___ ja noch gar nicht!
Arne: Sören ___ schon.

Achtung: Manche Wortstämme verändern sich.

5 Immer zwei Verbformen gehören zusammen.
Schreibe sie auf und finde die Grundform dazu:
du liest – ihr lest – lesen,

du liest   er fällt   du fällst   du frisst   du wirfst   ihr fresst
ich darf   ich halte   er wirft   ihr lest   du hältst   ihr dürft

6 Finde zu den Wortstämmen die Personalform mit **er**
und die Grundform: er sieht – sehen, …

sieh   wirf   fäll   häl   nimm   lies   hilf

7 Schreibe die Sätze mit passenden Verben.
Unterstreiche in jedem Verb den Wortstamm.
Male die Endungen an: Fabian schubst …

Gegenwart und Vergangenheit

1 Schreibe den Text ab. Unterstreiche alle Verben.
Sie stehen in der Gegenwart:
Die Klasse 3b <u>macht</u> …

Die Klasse 3b macht einen Ausflug zur Feuerwehr.
Zwei Feuerwehrmänner zeigen den Kindern
die Ausrüstung und die Fahrzeuge.
Der Leiter erklärt den Ablauf eines Einsatzes
und erzählt von dem letzten Brand.
Die Kinder rollen einen Schlauch aus und
David spritzt Dosen von einer Mauer.
Zum Schluss überreicht die Lehrerin
den Feuerwehrleuten Blumen zum Dank.

2 Die Verben stehen in der Gegenwart und in der Vergangenheit.
Schreibe den Text mit den Verben in der Vergangenheit:
Gestern hatte ich …

Gestern ___ ich Geburtstag.	habe • hatte
Am Morgen ___ die Geburtstagskerzen.	brannten • brennen
Meine Eltern ___ mir ein Lied.	sangen • singen
Auf dem Tisch ___ die Geschenke.	stehen • standen
Von meiner Schwester ___ ein großes	war • ist
Paket dabei. Ich ___ es schnell	öffne • öffnete
und ___: Außer viel Papier	staunte • staune
___ nur ein Flummi zum Vorschein.	kam • kommt
Er ___ jedoch supertoll aus	sieht • sah
und ___ unglaublich hoch.	springt • sprang
Ich ___ sofort mit ihm.	spielte • spiele

Verben zeigen an, von welcher Zeit erzählt wird:
von der **Gegenwart** (heute) oder der **Vergangenheit** (früher).
Gegenwart: Wir spielen.
Vergangenheit: Wir spielten.

3 Finde das passende Verb. Wähle die Zeitform, die zum Satzanfang passt: *Gerade lese …*

Gerade ___ ich ein Buch.
Letztes Jahr ___ ich an der Nordsee Urlaub.
Heute ___ wir in das Schwimmbad.
Jetzt ___ Peter eine Banane.
Gestern ___ Jona und Leon den Hund.
Vor drei Stunden ___ der Wecker.

essen
lesen
gehen
klingeln
machen
streicheln

4 Überlege dir fünf Verben.
Trage sie in eine Tabelle ein:

Grundform	Gegenwart	Vergangenheit
gehen	ich gehe	ich ging

5 Beschreibe, wie es früher war.
Benutze die Verben in der Vergangenheit:
Mutter kochte auf …

Mutter kocht auf dem Elektroherd.

Vater steckt sein Hemd in die Waschmaschine.

Andreas füllt Wasser in den Wasserkocher.

Anna knetet den Kuchenteig mit dem Mixer.

Oma sitzt vor der Heizung.

Kohleherd

Waschbottich

Hand

Kachelofen

Wasserkessel

Zusammengesetzte Nomen und Verben

1 Bilde zusammengesetzte Nomen.
Schreibe sie mit Artikel auf.

Haus →

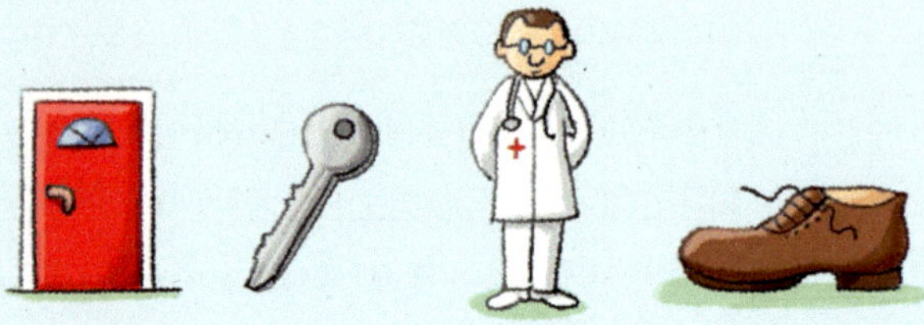

→ Ball

2 Bilde zusammengesetzte Nomen aus Verben und Nomen.
Schreibe sie mit dem Artikel auf: *der Singvogel, …*

singen + 

trinken + 

laufen + 

brummen + 

essen + 

messen + 

3 Schreibe die Sätze mit dem passenden Verb:
Tom will eine Geschichte aus seinem Buch vorlesen.

Tom will eine Geschichte aus seinem Buch ___.

auflesen
vorlesen

Elisa will ihr gemaltes Bild ___.

vorhängen
aufhängen

Jona will seine Matheaufgaben noch einmal ___.

überrechnen
nachrechnen

Sven will alle Tiere auf dem Blatt farbig ___.

anmalen
einmalen

Nico will den Text von der Tafel ___.

anschreiben
abschreiben

S. 34 Arbeitsheft

4 Finde die zusammengesetzten Nomen und trenne sie:
Turnbeutel: turnen + …

Ina holt ihren Turnbeutel aus dem Flurschrank.
Sie packt ihre Laufschuhe und die Trinkflasche ein
und geht los. Auf dem Spielfeld ist schon viel Betrieb.
Ina hält den Torschuss gerade noch,
aber jetzt ist ihr Ringfinger geprellt!
Sie braucht eine kurze Ruhepause.

5 Schreibe den Text mit den passenden Wortbausteinen:
Die Kinder wollen …

Die Kinder wollen den Kletterpark ▢suchen.
Sie ▢reden ihren Vater, der sie ▢bringt und
den Eintritt ▢zahlt. Die Kinder müssen nun
Helme ▢setzen und Sicherheitsgurte ▢legen.
Nun kann es ▢gehen. Es macht so viel Spaß,
dass die Kinder am liebsten nicht mehr ▢hören wollen.

hin-
be-
auf-
an-
los-
über-

6 Mit den zusammengesetzten Nomen
stimmt etwas nicht! Schreibe die Sätze richtig auf:
Das Gespenst Richard flüstert ein Grußwort …

Das Gespenst Richard flüstert
ein Grußturm und fliegt auf den Kirchwort.
Der Riese Flo fällt eine Holzboden
hinunter und landet auf dem Fußtreppe.
Die Fee Mia hat einen neuen Ohrspange
und eine neue Haarring.
Der Drache Hans macht eine Gartenbeet
in seinem Gemüseparty.
Die Hexe Trixi holt ihren Zauberschrank
aus dem Kleidertrunk.

Adjektive

1 Welche Adjektive passen zu den Tieren?
Schreibe Sätze auf: Der Esel ist grau. …

giftig
klein
grau
schwarz
bunt
blind

2 Hier stimmt etwas nicht!
Schreibe die Nomen mit passenden Adjektiven auf:
der schlaue Fuchs, …

der dumme Fuchs
die schnelle Schnecke
der dünne Elefant
die große Ameise

der schwere Floh
das leichte Nilpferd
die faule Biene
der schwache Bär

3 Was ist das für ein Tier? Beschreibe die Körperteile.
Nutze dabei Adjektive. Unterstreiche alle Adjektive:
Die Ohren sind <u>groß</u>.

Fell
Ohren
Zähne
Augen
Schwanz
Krallen

Adjektive beschreiben, wie etwas oder jemand ist.
Wenn Adjektive vor Nomen stehen, verändern sie sich:
Der Acker ist leer. – der leere Acker

S. 36 Arbeitsheft

4 Verwandle die Nomen in Adjektive mit den Wortbausteinen -ig und -lich: der Nebel – neblig, …

Nebel Fest Schmutz Hunger Eis Tag Herz Winter Trauer

-ig -lich

5 Trenne die zusammengesetzten Adjektive:

Wort	Nomen	Adjektiv
steinhart	der Stein	hart

stein|hart strohdumm butterweich
riesengroß rabenschwarz feuerrot

6 In jeder Reihe verstecken sich ein Nomen und ein Verb. Schreibe nur die Adjektive auf:
falsch, …

falsch hase lustig müde laufen spitz schnell
süß fremd laut schön nass wasser spritzen
kühl ehrlich berg breit grün lesen schwer
vorsichtig weich waschen pünktlich bus tief

7 Schreibe die Sätze mit zusammengesetzten Adjektiven. Benutze die Nomen auf den Bildern.

Das große Wattepaket ist ___.
Die Braut trägt ein ___ Hochzeitskleid.
Das Auto rast ___ um die Ecke.
Im Märchen sind Prinzessinnen meistens ___.
Bei minus 10 Grad war es gestern ___.

Vergleichsstufen

1 Schreibe die Sätze mit passenden Adjektiven auf:
Luis ist nach dem Training schmutzig, aber …

Luis ist nach dem Training ___,
aber Johann ist noch ___.
Die Flöte klingt ___,
das Schlagzeug aber noch ___.
Omas Paket ist zwar ___,
aber Opas Paket ist noch ___.
Der Baum ist ziemlich ___,
das Hochhaus ist aber noch ___.

schmutzig
schmutziger

hoch
höher

schwer
schwerer

laut
lauter

2 Beantworte die Fragen in kurzen Sätzen:
… ist am dicksten.

Wer ist am dicksten?

Wer ist am schnellsten?

Wer ist am kleinsten?

Wer ist am hungrigsten?

Mit Adjektiven kann man vergleichen.
Grundform: Das Tagpfauenauge ist klein.
1. Vergleichsstufe: Der Kleine Fuchs ist kleiner.
2. Vergleichsstufe: Der Bläuling ist am kleinsten.

S. 38 Arbeitsheft

3 Schreibe den Text ab.
Unterstreiche in jedem Satz das Adjektiv:
Die Kinder erkunden neugierig …

Die Kinder erkunden neugierig Dinge:
Anne und Karl gucken sich alte Baumstücke an.
Das Stück mit zwanzig Ringen ist am ältesten.
Janne und Janko betrachten neue Thermometer.
Wenn es wärmer wird, dehnt sich die Flüssigkeit
im Glasröhrchen aus und steigt.
Nur Fabian und Steffi sind nicht fleißig.
Am schönsten finden sie es,
aus dem Fenster zu gucken.

4 Suche aus der Wörterliste fünf Adjektive heraus.
Schreibe die Grundform und beide Vergleichsstufen auf:
lang, länger, am längsten, …

5 Vergleiche das Wetter in den Städten. Nutze dabei
Adjektive in der Grundform und in den Vergleichsstufen:
In Hannover gibt es mehr Regentage als …

viel • warm • kalt • wenig

	Berlin	Stuttgart	Hannover	Hamburg
Durchschnittstemperatur im Juli	18,5 °C	17,6 °C	17,4 °C	17 °C
Durchschnittstemperatur im Dezember	1,1 °C	0,3 °C	1,8 °C	1,8 °C
Regentage im Jahr	166	167	173	190
Sonnenscheinstunden im Jahr	1818	1814	1610	1630

Wortfamilien

1 Schreibe alle Wörter zur Wortfamilie **strahl** heraus:
Mondstrahl, …

Als Jan aufsteht, ist draußen nur
ein schwacher Mondstrahl zu sehen.
Der Taschenlampenstrahl leuchtet ihm
den Weg hinaus aus seinem Zimmer.
Aus der Küche kommt ein heller Lichtstrahl.
Jan öffnet die Tür. Seine Mutter strahlt ihn an:
„Alles Gute zum Geburtstag“, sagt sie
und überreicht ihm ein kleines Päckchen.
Mit strahlenden Augen packt Jan das Handy aus,
das er sich so lange gewünscht hat.

2 Ordne die Wörter nach ihren Wortfamilien.
Unterstreiche in jeder Wortfamilie den Wortstamm:
ahnen, …
Herbstanfang, …
paarweise, …

ahnen   Herbstanfang   Ahnung   paarweise   Ehepaar

herbstlich   Herbstmonat   Paarung   Herbstlieder

geahnt   Herbstzeit   erahnen   Wortpaar   ahnungslos

3 Schreibe die Sätze mit den passenden Wörtern.
Unterstreiche immer den Wortstamm:

spät • verspätete • Verspätung • später • Spätschicht

Gestern ___ sich Frau Vogels Bus.
Daher kam sie zu ___ zur Arbeit.
Die ___ hatte schon begonnen.
Doch die ___ holte Frau Vogel auf:
Viel ___ als sonst machte sie
nur eine kurze Pause.

4 Bilde Wörter mit dem Wortstamm **zahl/zähl**.
Unterstreiche in jedem Wort den Wortstamm:
Auszahlung, …

Aus An Ein un ge be Schnaps	zahl zähl	ig bar t ung reich enstrahl

5 Schreibe nur die Wörter, die zur Wortfamilie **viel** gehören.
Unterstreiche den Wortstamm:
vielfältig, …

vielfältig vielleicht vielfach Vieleck viereckig
Vielfalt viel fielen Viertelstunde viele vielerlei

6 Ordne die Wörter nach Nomen, Verben und Adjektiven.
Unterstreiche in allen Wörtern den Wortstamm **wachs**:
Nomen: …, Verben: …, Adjektive: …

wachsen Erwachsener bewachsen Wachsmalstifte
wachsweich Wachstum Gewächshaus
Gewächs Kerzenwachs erwachsen anwachsen

7 Ordne die Wortfamilien. Finde zu jeder Wortfamilie noch mindestens zwei weitere Wörter:
wechs: …
groß: …
…

größer wechselhaft wöchentlich Verwechslung

Projektwoche vergrößern wochenlang Reifenwechsel Großvater

Satzglieder

1 Verlängere den Satz immer um ein weiteres Satzglied:
Felix rennt. Felix rennt …

Felix rennt am Nachmittag bei Regen

mit seinem Freund durch den Wald

2 Bilde aus den Satzgliedern mindestens sechs Sätze:
Tim und Anne …

Tim und Anne spielen im Wald mit ihren Freunden

auf der Wiese Ball

Julia spaziert mit ihrem Vater um den See

mit ihrem Hund zum Eiswagen

Mirko beobachtet die Kinder auf dem Baum

den Vogel auf dem Spielplatz

3 Ordne die Satzglieder jeder Zeile zu einem richtigen Satz.
Denke an den großen Satzanfang und an das Satzzeichen: Die …

sehen | ein Eichhörnchen | die Kinder | im Wald

springt | von Ast zu Ast | das Eichhörnchen | schnell

die Vögel | sofort | aus dem Baum | fliegen

eine Maus | unter einen Blätterhaufen | läuft | ängstlich

finden | den Wald | die Kinder | toll

Ein Satz besteht aus mehreren **Satzgliedern**.
Ein Satzglied kann ein Wort oder mehrere Wörter haben.
Satzglieder kann man vertauschen:
Leon und Malte | sammeln | eifrig | Fußballbilder.
Eifrig | sammeln | Leon und Malte | Fußballbilder.

S. 42 Arbeitsheft

4 Bilde mindestens fünf unterschiedliche Sätze:
Mit einer Taschenlampe …

gehen — zwei Männer — durch den Park — mit einer Taschenlampe — nachts

5 Stelle die Satzglieder so um, dass Fragesätze entstehen:
Suchen die Männer …?

die Männer — auf dem Spielplatz — suchen — ihren Hund
frierend — der Hund — sitzt — unter einem Baum
findet — eine ältere Dame — den Hund — zufällig
sie — bringt — zum Fundbüro — den Hund

6 Immer derselbe Anfang! Stelle die Satzglieder um:
Clara und Jan sitzen auf Klappstühlen am Teich.
Abwechselnd …

Clara und Jan	sitzen	auf Klappstühlen	am Teich.
Sie	erzählen	abwechselnd	lustige Witze.
Sie	lachen	dabei	immer wieder.
Sie	kippeln	beim Lachen	vor Begeisterung.
Sie	fallen	rückwärts	in den Teich.

7 Stelle den Satz so oft wie möglich um.
Unterstreiche die Satzglieder.

Der Junge erzählt seinem Vater
oft spannende Gruselgeschichten.

Subjekt und Prädikat

1 **Wer oder was** fliegt vorbei? Schreibe Sätze auf.
Unterstreiche in jedem Satz das Subjekt blau:
Das Flugzeug fliegt vorbei.

2 Was **tun** die Personen? Schreibe die Sätze ab.
Unterstreiche in jedem Satz das Prädikat rot:
Der Jogger rennt um den See.

Der Jogger rennt um den See.
Die Kinder spielen auf dem Spielplatz.
Der Radfahrer schiebt sein Fahrrad.
Ein alter Mann füttert die Enten.
Die Frau liegt auf der Wiese.
Der Gärtner mäht den Rasen.

3 Wer tut was? Schreibe kurze Sätze.
Unterstreiche Subjekte blau und Prädikate rot:
Kai schreibt. …

„Wer oder was … ?" findet das **Subjekt**.
„Was tut … ?" findet das **Prädikat**:
Tatjana holt Erde.

S. 44 Arbeitsheft

4 Schreibe die Sätze mit passenden Subjekten.
Unterstreiche in jedem Satz das Subjekt:
Die Gärtnerin pflegt die Blumenbeete.

▢ pflegt die Blumenbeete.
▢ leert die Abfallkörbe.
▢ sitzt auf der Bank.
▢ verkauft Getränke.
▢ spielt mit Tim auf der Wiese.
▢ jagt den Tauben nach.

eine alte Frau
der Müllwerker
die Gärtnerin
der junge Hund
der Imbissverkäufer
Anne

5 Finde passende Prädikate. Bilde mit den Satzgliedern Sätze:
Die junge Frau schiebt …

über den Rasen | die junge Frau | den Kinderwagen
auf dem Fahrrad | Doris | freihändig
auf der Bank | Süßigkeiten | Micha und Dominik
mit seinem Freund | einen Tunnel | Florian

6 Ersetze **Sie** durch unterschiedliche Subjekte:
Zwei … überfallen eine Bank.

Sie überfallen eine Bank.
Sie fordern viel Geld.
Sie bekommen eine Tüte.
Sie rennen davon.
Sie verstecken sich hinter einem Baum.
Sie öffnen die Tüte – es sind nur Bonbons drin!

7 Schreibe Sätze zu den Bildern. Unterstreiche in jedem Satz das Subjekt blau und das Prädikat rot.

Wörtliche Rede und Redebegleitsätze

1 Schreibe die wörtliche Rede auf. Achte auf die Redezeichen:
„Was frisst …?"

Achmet beobachtet Maxi im Käfig. Er fragt Peter:
„Was frisst denn dein Meerschweinchen?"
Peter zeigt auf die Futterstelle und erklärt:
„Es frisst gern frisches Grünzeug, Möhren und Löwenzahn.
Zu trinken gibt es Wasser." Achmet streichelt das Meerschweinchen.
Er fragt: „Wollen wir Maxi aus dem Käfig lassen?"
Peter ruft: „Oh, nein! Er versteckt sich immer hinter den Möbeln."

2 Schreibe das Gespräch auf. Denke an die Redezeichen:
Peter fragt: „Hast du auch …?"

Peter fragt: Hast du auch ein Haustier?

Achmet sagt: Nein, aber ich wünsche mir eines zum Geburtstag.

Peter erkundigt sich: Wann hast du Geburtstag?

Achmet antwortet: Nächsten Mittwoch.

Peter meint: Was für ein Tier wünschst du dir denn?

Achmet sagt: Einen Pudel.

Was gesprochen wird, heißt **wörtliche Rede**. Sie steht in Redezeichen.
Der **Redebegleitsatz** gibt an, wer spricht:

Tom sagt:	„Wir räumen das Klassenzimmer um."
Redebegleitsatz	Wörtliche Rede

S. 46 Arbeitsheft

3 Finde zu jedem Redebegleitsatz die wörtliche Rede.
Denke an den Doppelpunkt und an die Redezeichen:
Max fragt: „…?"

Max fragt:
Nina jammert:
Die Lehrerin bittet:
Ein Vater lobt:
Lisa berichtet:

4 Schreibe den Text mit anderen Verben als **sagen**.
Setze die wörtliche Rede in Redezeichen:
Mutter sagt: „Ich habe euch …"

Mutter sagt: Ich habe euch eine Kiste
mit Verkleidungssachen herausgestellt.
Marie sagt: Super!
Hannes sagt: Da ist ja gar kein Piratenkostüm drin!
Marie sagt: Aber es gibt so viele andere tolle Kostüme.
Max sagt: Ich habe Mäuseohren für mich gefunden!
Hannes sagt: So niedlich siehst du sonst nicht aus!
Hannes sagt: Ich verkleide mich als Katze,
dann darf ich dich jagen!

Wörter, Wörter …

1 Mit den Sätzen stimmt etwas nicht!
Verändere immer einen Buchstaben in den roten Wörtern.
Schreibe die richtigen Sätze auf:
Im Wald läuft ein Hase.

Im Wald läuft eine Hose.
Mit meinem Bad fahre ich gern.
Das Harz habe ich für Mama gebastelt.
Jeden Morgen gehe ich in die Schale.
Das Wasser fließt im Buch.
Der Tisch schmeckt wirklich gut.
Die Quelle schwimmt im Meer.
Auf dem Boden liegt viel Schmatz.

2 Kannst du die Wörter lesen? Schreibe sie auf:
Grashalm, …

Grashalm Fensterbrett
Lichtschalter
Lastwagen Obstschale
Autobahn
Vanilleeis Salzstreuer

3 Löse die Geheimschrift.
Schreibe den Satz auf.

4-1-19 9-19-20 7-1-18
14-9-3-8-20 19-3-8-23-5-18

A = 1
B = 2
C = 3
D = 4
E = 5
F = 6
…

4 Schreibe selbst einen Satz in dieser Geheimschrift.
Ein anderes Kind darf sie entziffern.

5 Wörter, die zwei Bedeutungen haben, nennt man Teekesselchen.
Wähle vier Wörter und schreibe zu jeder Bedeutung einen Satz:
Zum Hemd kann man eine Krawatte oder eine Fliege tragen.
An der Wand sitzt eine Fliege.

Fliege • Bank • Hahn • Schloss
Blatt • Kiefer • Flügel • Löffel

6 Enträtsle die Geheimschrift: Mondscheinspaziergang, …

Mondsch1paziergang ver2feln 11enbein Tortensch8el

Re4förster Kla4taste Kirsch2ge Run3se Nag11eile

7 Ordne die Redensarten den passenden Erklärungen zu:
wissen, wie der Hase läuft - …

wissen, wie der Hase läuft	ohne Unterbrechungen sprechen
kalte Füße bekommen	einen kleinen Fehler bemerken
wie ein Wasserfall sprechen	Bescheid wissen
ein Haar in der Suppe finden	Angst bekommen

8 Finde die Wörter, die sich durch die Kästen schlängeln.

V	O	G
N	L	E
E	S	T

M	M	A
A	E	D
R	L	E

L	E	I
P	S	E
T	A	R

Informationen für Sachtexte

1 Schreibe den Text ab. Setze die Zwischenüberschriften aus dem Kasten an den passenden Stellen ein:
Lage
Dänemark ist der …

Dänemark ist der nördlichste
Nachbar Deutschlands.
Sonst ist das Land von der Nordsee
und der Ostsee eingeschlossen.

In Dänemark leben ungefähr
5,5 Millionen Menschen.

Die Hauptstadt heißt Kopenhagen.

In Dänemark bezahlt man
mit dänischen Kronen.

Bekannt ist das dänische Märchen
„Die kleine Meerjungfrau".
Dänemark war zusammen mit
anderen Ländern Heimat der Wikinger.

Zwischenüberschriften
Lage
Bevölkerung
Hauptstadt
Währung (Geld)
Besonderheiten

2 Ordne die Sätze nach den Zwischenüberschriften im Kasten: Spanien liegt …

In Spanien leben ungefähr 47 Millionen Menschen.

In Spanien zahlt man wie in Deutschland mit dem Euro.

Spanien liegt im Südwesten Europas.

Ein bekannter spanischer Tanz ist der Flamenco.
Der Spanier Christoph Kolumbus entdeckte Amerika.

Die spanische Hauptstadt ist Madrid.

3 Nicht alle Informationen über Polen sind wichtig.
Schreibe nur die wichtigen Informationen auf:
Polen ist ein …

Polen ist ein Nachbar
Deutschlands im Osten.
In Polen gibt es Städte und Dörfer.
Polen liegt an der Ostsee.
Die Hauptstadt heißt Warschau.
Auch in Polen legen die Hühner Eier.
In Polen leben ungefähr
38 Millionen Menschen.
Man bezahlt in Polen mit Zloty.
In Polen fahren die meisten
Autos mit Benzin.
Die meisten Weihnachtsgänse
kommen aus Polen.

4 Schreibe einen Text über Griechenland.
Oder: Wähle selbst ein Land und
schreibe einen kurzen Text darüber.

Griechenland
Lage: im östlichen Mittelmeer viele Inseln
Bevölkerung: etwa 11 Millionen Einwohner
Hauptstadt: Athen
Währung: Euro
Besonderheiten: viele alte Bauwerke
Ursprungsland der Olympischen Spiele

Stichworte für Sachtexte

1 Schreibe alle Stichworte ab,
die zu der abgebildeten Sportart passen:
Spielfeld mit abgerundeten …

- Ball darf einmal den Boden berühren
- Puck (= Spielscheibe) muss ins Tor
- rechteckiges Spielfeld
- mit Netz in der Mitte
- Spielfeld mit abgerundeten Ecken
- Spieler gut gepolstert
- wird oft auf Rasen gespielt
- wird auf Eis gespielt
- Schläger mit Saiten
- Einzelspieler
- Mannschaftssport
- Torhüter und fünf Feldspieler
- flache Hartgummischeibe
- Name aus der französischen Sprache, heißt „krummer Stock“

2 Schreibe den Text mit passenden Stichworten aus Aufgabe 1.

Eishockey ist eine alte Sportart.
Es ist ein ___ und wird auf ___ gespielt.
Mit dem gebogenen Schläger müssen die Spieler
einen ___ ins gegnerische Tor schieben.
Sie spielen auf einem Spielfeld mit ___.
In einer Mannschaft spielen ___.
Zur Sicherheit sind die Spieler ___.
Der Name des Spiels kommt aus ___.
Hockey heißt ___.

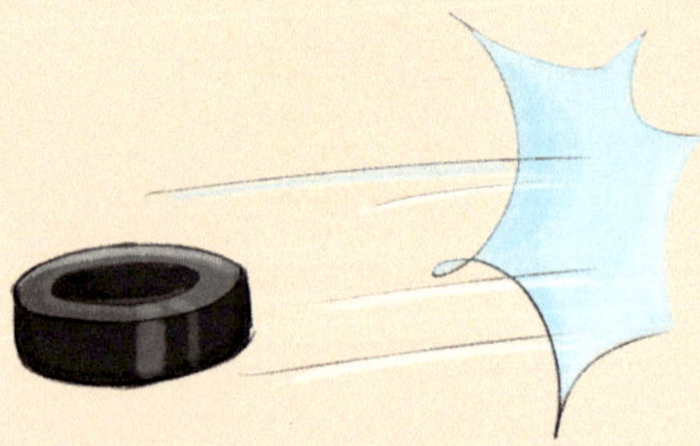

3 Wie heißt die Sportart, zu der die
übrig gebliebenen Stichwörter gehören?

S.52 Arbeitsheft

4 Hier wird die Sportart Badminton beschrieben.
Überlege dir eine gute Reihenfolge für die Stichwörter:
• wird …

- Schläger dünner und leichter als Tennisschläger
- wird mit zwei Schlägern gespielt
- wird als Sportart in der Halle gespielt
- Feld kleiner als Tennisfeld
- Netz in der Mitte, etwa 1,50 Meter hoch
- englisches Wort für Federball
- Ball mit Spitze aus Kork
- Gänse- oder Entenfedern
- sehr anstrengend
- man muss schnell und beweglich sein

5 Schreibe mit Hilfe der Stichwörter einen kleinen Text über Badminton:
Badminton wird mit zwei Schlägern …

6 Wähle eine Sportart. Sammle Stichwörter.
Schreibe einen kleinen Text über die gewählte Sportart.

Zusammenfassungen

1 Lies den Text.

Bis Fahrräder so aussahen wie heute, hat es lange gedauert. 1817 erfand Freiherr Drais von Sauerbronn das erste Laufrad. Es hatte einen Lenker und war aus Holz, die Holzräder waren mit Eisen beschlagen. Man konnte damit die Geschwindigkeit eines galoppierenden Pferdes erreichen.

Es ist nicht ganz sicher, welcher Franzose um 1860 als Erster ein Pedal an ein Laufrad anbaute, es war entweder Michaux oder Lallement. Der Amerikaner Goodyear entdeckte 1839, wie man aus dem Pflanzensaft Kautschuk Gummi herstellen kann. Der Brite Dunlop und der Franzose Michelin entwickelten in den Jahren 1888 und 1889 luftgefüllte Gummireifen.

Außerdem wurden leichtere Speichenräder erfunden und die Kette zur Übertragung der Tretkraft auf das Hinterrad. Heute ist das Fahrrad ein ausgefeiltes technisches Produkt.

2 Schreibe die richtige Zusammenfassung ab.

Es hat lange gedauert, bis das Fahrrad aussah wie heute. Das erste Laufrad war aus Holz. Damit war man so schnell wie ein galoppierendes Pferd, das mit Eisen beschlagene Hufe hat. Michaux baute an das Rad Pedale und ein Amerikaner erfand luftgefüllte Reifen.

Zur Entwicklung des Fahrrades haben viele Erfinder beigetragen. Freiherr Drais entwickelte 1817 das Laufrad aus Holz. In Frankreich wurde das Pedal erfunden und nachdem der Amerikaner Goodyear ein Verfahren zur Herstellung von Gummi entdeckt hatte, erfanden der Franzose Michelin und der Brite Dunlop fast gleichzeitig luftgefüllte Reifen. Später kamen noch einige Erfindungen hinzu.

S. 54 Arbeitsheft

3 Fasse den Text kurz zusammen. Die Markierungen helfen dir.

Zwischen 1850 und 1900 arbeiteten viele Erfinder an Motoren. Carl Benz wurde 1844 als Sohn eines Lokführers geboren. Er studierte Maschinenbau und wollte ein selbstbewegliches Fahrzeug bauen, das ohne Schienen fuhr. Selbstbeweglich heißt auf Griechisch Automobil.

Da die Lenkung ein schwieriges Problem darstellte, baute er einen dreirädrigen Wagen. 1886 wurde dieser Motorwagen zum Patent angemeldet. Ein Patent schützt ein Produkt davor, dass es einfach nachgebaut wird. Zuerst wurde der Wagen von Carl Benz belächelt. Das änderte sich erst, als seine Frau Bertha 1888 die erste Fernfahrt der Automobilgeschichte unternahm: Sie fuhr mit ihren zwei Söhnen von Mannheim nach Pforzheim.

4 Schreibe zum folgenden Text selbst eine Zusammenfassung.

Der Heißluftballon ist das älteste Luftfahrzeug, das es gibt. Es wurde von den französischen Brüdern Montgolfier erfunden. Sie leiteten eigentlich eine Papierfabrik, die in Familienbesitz war, interessierten sich aber auch für die Luftfahrt.

Sie experimentierten damit, eine Hülle mit „leichter Luft“ zu füllen und dadurch steigen zu lassen. Dabei verwendeten sie zum Beispiel Wasserdampf. Schließlich glaubten sie, dass Rauch den Ballon steigen lässt. Tatsächlich ist es aber die heiße Luft, die leichter ist als kalte Luft und deshalb nach oben steigt.

Im Juni 1783 ließen sie den ersten Ballon vor Publikum steigen. Vor den Augen König Ludwigs des XVI. stiegen im September drei Tiere in die Luft: ein Schaf, eine Ente und ein Hahn. Im November 1783 fand der erste Flug eines Heißluftballons mit Menschen an Bord statt. Seitdem können Menschen fliegen.

Fragen zum Text

1 Beantworte die Fragen zum Text.
Unterstreiche bei den Fragen die W-Fragewörter:
1. …

Fuchs, du hast die Gans gestohlen?
Pah – wie langweilig. Im Örtchen Föhren
in Rheinland-Pfalz hat es eine Fähe*
auf Schuhe abgesehen:

Mehr als 120 Pantoffeln, Latschen,
Gummi-, Arbeits-, und Wanderstiefel
hat das Tier im vergangenen Jahr
aus Gärten, Hauseingängen und
von Terrassen stibitzt und im Schutz
der Dunkelheit in seinen Bau geschleppt.

Erst kürzlich entdeckte nun ein Förster
das versteckte Diebesgut.
Die räuberische Fuchsdame,
die den Bau mit ihren Jungen bewohnt,
traf er nicht an – sie war nicht zu Hause.
Immerhin aber hatte sie die Schlappen
und Stiefel pfleglich behandelt.
„Manche sehen aus wie neu“, sagte der Förster.

* Fähe: in der Fachsprache der Jäger die Füchsin

1. Wer war der Räuber, der Schuhe gestohlen hat?

2. Mit wem bewohnte die Füchsin ihren Bau?

3. Warum dachte der Förster, dass die Füchsin die Schuhe gut behandelt hat?

4. Wo entdeckte der Förster die Schuhe?

2 Schreibe alle W-Fragewörter auf, die du kennst.

S. 56 Arbeitsheft

3 Lies den Text. Informiere dich über Wörter, die du nicht verstehst: im Lexikon, im Internet, bei Erwachsenen, …

Boot plus Segel gleich Segelboot. Und Frachter plus Drachen? Na klar: Drachenfrachter! Von Bremerhaven startete 2008 das erste Schwergutfrachtschiff, das nur zum Teil von einem Schiffsdiesel angetrieben wird – den Rest übernimmt ein riesiger Zugdrachen.

Der schwebt 100 bis 300 Meter über dem Meer und ist durch ein dickes Seil mit dem Schiff verbunden. Dieser Gleitschirm gibt dem Frachter bei guten Windverhältnissen so viel Schub, dass das Schiff rund ein Drittel weniger Treibstoff verbraucht!

Und auch für Flauten ist der Drachenfrachter bestens gerüstet: Windstille meldet ein Sensor unter dem Schirm. Dann holt eine Motorwinde das Segel ein. In Windeseile, versteht sich.

4 Hier findest du Antworten zu Fragen, die man zum Text stellen kann. Finde zu jeder Antwort die Frage und schreibe beides auf.

- Der Zugdrachen wird mit einer Motorwinde eingeholt.
- Er schwebt bis zu 300 Meter über dem Schiff.
- Windstille ist nicht gefährlich, weil der Drachen automatisch eingezogen wird.

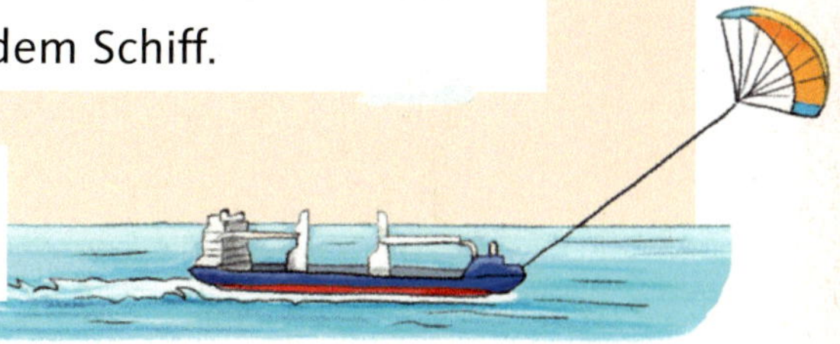

5 Welche der Fragen kannst du mit Hilfe des Textes beantworten? Schreibe nur diese Fragen und die Antworten dazu auf.

- Warum fliegt der Drachen im Wind nicht davon?
- Von welcher Stadt startete das erste Frachtschiff mit Drachen?
- Wie viel Treibstoff kann man bei gutem Wind einsparen?
- Was kostet der Drachen?
- Wem gehört das Frachtschiff?

Steckbriefe

1 Lies den Text über Lavendel.

Lavendel ist ein immergrüner verzweigter Strauch, der bis zu 100 cm groß werden kann. Die langen Triebe sind mit nadelförmigen, grau behaarten Blättern besetzt. Die schmalen, blauvioletten Blüten sitzen am Ende der Stängel, ähnlich wie die Ähren beim Getreide.

Ursprünglich kommt der Strauch aus den Mittelmeerländern. Vor allem in Südfrankreich wird er auf großen Feldern angebaut. Er liebt eher trockene, kalkhaltige und sandige Böden. Die Pflanze blüht von Juni bis August. Die Blüten duften sehr stark. Deshalb wird aus ihnen Lavendelöl gewonnen, das in Parfüm und Waschmitteln oder Seifen verwendet wird. Getrocknete Lavendelblüten kann man in Duftsäckchen in den Schrank legen, damit die Kleider gut riechen. Außerdem soll der Duft des Lavendels Motten vertreiben. Man verwendet nur die Blüten. Die schwarzbraunen kleinen Samenkörner werden nur zur Vermehrung benutzt.

2 Schreibe den Steckbrief ab. Ergänze die fehlenden Stichwörter:
Name: Lavendel

Name:
Herkunft:
Größe:
Aussehen:
Blüten:
Blütezeit:
Standort:
Verwendung:
Früchte:

S. 58 Arbeitsheft

3 Schreibe mit Hilfe des Steckbriefes einen Text über die Ringelblume:
Die Ringelblume wird auch Calendula genannt. …

Name:	Ringelblume, auch Calendula genannt
Herkunft:	vermutlich Mittelmeerländer, in ganz Europa verbreitet
Größe:	bis 50 cm
Aussehen:	behaarte Stängel, längliche Blätter
Blüten:	gelb-orange
Blütezeit:	Mai bis November
Standort:	sandige Böden
Verwendung:	Salbe aus den Blüten hilft bei der Heilung von Wunden
Früchte:	kleine, geringelte Samen, etwa 1 cm groß, gaben der Pflanze den Namen

4 Welche Punkte sind für einen Pflanzensteckbrief wichtig, welche für einen Tiersteckbrief, welche für beide? Ordne zu:
Pflanzensteckbrief: …
Tiersteckbrief: …

Name Herkunft Größe Aussehen Besonderheiten
Blüten Standort Verwendung Früchte
Lebensraum Verhalten Nahrung Feinde

5 Wähle ein Tier oder eine Pflanze.
Schreibe einen Steckbrief.

Briefe

1 Lies den Brief von Max.

Anrede | Datum

Liebe Oma, 24.10.2012

gestern hatte ich zum ersten Mal den neuen Pullover an, den Du mir geschenkt hast. Er passt wirklich ganz genau und ist kuschelig warm! Vielen Dank, ich freue mich sehr! Morgen darf ich mit Papa zum ersten Mal zum Eislaufen. Da kann ich ihn auch anziehen, denn in der Eishalle ist es kalt. Ich freue mich, wenn wir uns wiedersehen. Grüße Opa von mir.

Viele liebe Grüße ← Gruß
Dein Max

Absender | Briefmarke

Max Maier
Mozartweg 6
69999 Seilingen

An
Margarete Maier
Hahnstr. 37
89899 Bauersdorf ← Adresse

2 Schreibe einzelne Informationen aus dem Brief auf:
Datum: …

Datum | Anrede | Gruß | Adresse | Absender

3 Schreibe einen der Briefe ab.
Setze in die Lücken passende Wörter ein.

Du • Dir • Deinen • Dich • Deine

Sie • Ihre • Ihren • Ihnen

Liebe Teresa,

vielen Dank für ___ schönen Brief. ___ kannst ___ denken, dass ich mich sehr gefreut habe, weil ich in der neuen Schule noch nicht so viele Kinder kenne. Ich vermisse ___ und die anderen sehr. Wenn ___ in den Ferien kommst, zeige ich ___ alles.

Viele Grüße
___ Carolina

Sehr geehrter Herr Keller,

vielen Dank, dass ___ unsere Klasse zum Vorlesen besucht haben. ___ Geschichten waren sehr interessant. Wir konnten uns gut vorstellen, was ___ alles erlebt haben. Für ___ Arbeit wünschen wir ___ alles Gute. Besuchen ___ uns bald wieder und grüßen ___ ___ Hund!

Viele Grüße
___ Klasse 3b

4 Schreibe selbst einen Brief.

Wähle aus, wem du schreiben willst: Oma, Opa, Onkel, Tante, Freund, Freundin, Pippi Langstrumpf, Sams, …

Überlege, was du schreiben willst: Grüße aus den Ferien, Glückwünsche zum Geburtstag, Bericht aus einer anderen Stadt, …

Achte im Brief auf: Datum, Anrede, Gruß. Achte auf dem Umschlag auf Adresse, Absender und Briefmarke.

Beachte, dass geschriebene und gesprochene Sprache sich unterscheiden.

Welche Anredewörter nimmst du?

Geschichtenanfänge

1 Lies zuerst den Hauptteil und das Ende der Geschichte.

Jonas warf das Seil über den tiefsten Ast. Wir schafften es, einen Knoten hineinzumachen. Mit Hilfe des Seiles kletterten wir auf den Baum hinauf. Ich kletterte zuerst auf die nächsten Äste. Jonas und Lisa folgten. Als wir schon so hoch waren, dass wir auf unser Hausdach sehen konnten, knackte es unter mir plötzlich laut. Erschrocken klammerte ich mich an den Ast über mir. Ich schrie. Der Ast unter meinen Füßen war abgebrochen und direkt neben Lisa in die Tiefe gestürzt. Sie reagierte gelassen, packte mein rechtes Bein und stellte es auf einen dicken Ast.
Mit zittrigen Knien kletterte ich langsam nach unten. Wie war ich froh, als ich mich ins Gras plumpsen lassen konnte!

2 Schreibe die Einleitung ab, die am besten in die Geschichte einführt. Beachte den Merksatz.

Am Samstag holten mich meine Freunde Lisa und Jonas mit ihren Fahrrädern ab. Ich packte meine Badesachen auf den Gepäckträger und dann ging es los zum Badesee.

Wir trafen uns am Samstag. Ich hatte ein dickes Seil mitgebracht, denn wir wollten auf den Baum klettern.

Es war Samstag und endlich schulfrei. Ich hatte mich mit meinen Freunden Lisa und Jonas verabredet. Wir wollten unbedingt einmal auf den alten Birnbaum klettern. Ich hatte extra ein dickes Seil besorgt.

3 Unterstreiche in der Einleitung in deinem Text die Personen und wo und wann die Geschichte spielt.

Den Anfang einer Geschichte nennt man auch **Einleitung**. In der Einleitung werden die **Personen** vorgestellt und **wo** und **wann** die Geschichte spielt.

S. 62 Arbeitsheft

4 Lies den Hauptteil und das Ende der Geschichte.

Sein neues Rad war einfach spitze! Paul trat mit aller Kraft in die Pedale und rief Kalle zu: „Wer zuerst an der Turnhalle ist!" Paul legte sich in die Kurve. Wie schnell er war. Da fuhr vor ihm plötzlich ein Auto aus einer Einfahrt auf die Straße! Paul riss den Lenker herum und sauste in die Wiese. Das Rad blockierte. Paul wurde über den Lenker geschleudert. Bevor er wusste, wie ihm geschah, lag er im Gras. Neben ihm rauschte es. Paul sah sich um. Da landete auch Kalle im Gras. „Lebst du noch?", rief Paul. „Ich glaube ja", stammelte Kalle.
Da hatten sie wohl noch einmal Glück gehabt und waren mit dem Schrecken davongekommen.

5 Schreibe zu der Geschichte eine Einleitung.

Wer?	die zwei Freunde Kalle und Paul
Wo?	von Kalles Haus auf dem Weg zum Training
Wann?	Nachmittag

6 Lies den Hauptteil der Geschichte. Schreibe eine passende Einleitung.

Wir ließen uns vor allem im Raubtierhaus viel Zeit. Die kleinen Tiger kletterten über ihre Mutter und tollten wie wild herum. Vom Stehen müde geworden setzten wir uns in eine Nische gegenüber dem Käfig. Die anderen Besucher hatten das Raubtierhaus schon verlassen und so war es schön ruhig. Jana sah auf die Uhr. „Oh, schon halb acht. Wir müssen dringend nach Hause!" Unwillig raffte ich mich auf und ging Julia hinterher. Sie rüttelte an der Eingangstür und drehte sich um: „Abgeschlossen." In ihren Augen sah ich Angst …

7 Schreibe das Ende der Geschichte: In ihren …

Geschichten entwickeln

1 Lies die Geschichte.

Der stolze Ritter Leopold war
mit seinem Knappen Konrad
auf dem Rückweg von einem Turnier.
Er hatte es gewonnen.
Sie ritten gerade durch einen Wald,
als plötzlich ein großer, grüner Drache
zwischen den Bäumen hervorschoss.
Direkt auf sie zu.

2 Welche Fortsetzung gefällt dir am besten?
Schreibe die Geschichte weiter. Die Stichwörter helfen dir.

Leopolds Pferd scheut,
Leopold stürzt,
Drache will ihn verschlingen,
Konrad rettet mit seinem Schwert,
Leopold schlägt Konrad zu Hause zum Ritter

Leopold stürzt sich auf den Drachen,
Drache jagt Konrad hinterher,
Konrad stürzt, ist in großer Gefahr,
Leopold tötet Drachen mit der Lanze,
reiten gemeinsam nach Hause

Leopold erkennt seinen Freund: Drache Rufus,
Drache ruft: „Ihr seid in Gefahr",
„Eure Feinde sind im Wald",
alle schleichen sich um den Wald herum,
kommen sicher zur Burg, großes Fest wird gefeiert

S. 64 Arbeitsheft

3 Wähle eine Gedankensammlung.
Übertrage sie auf ein Blatt und ergänze sie.

Lichtung — **Wald** — Räuber

Pilz — **Wald** — Fuchs

Jäger — **Hase** — Hunde

Zirkus — **Hase** — Zylinder

4 Schreibe eine Geschichte zu deiner Gedankensammlung.

5 Überlege dir ein Thema.
Erstelle selbst eine Gedankensammlung dazu.

Geschichtenaufbau

1 Ordne jedem Teil der Geschichte die richtige Absatznummer zu:
Einleitung: …
Hauptteil: …
Schluss: …

In der **Einleitung** erfährt man, **wer** in der Geschichte mitspielt, **wo** und **wann** sie spielt.

Im **Hauptteil** wird ausführlich erzählt, **was passiert**.

Im **Schlussteil** wird die Geschichte **zu Ende gebracht**.

1. Zum Glück hatte mich das Pony nicht richtig erwischt. Der Finger war rot, aber er blutete nicht. So wurde es trotzdem noch ein schöner Ausflug.

2. Letzten Sonntag machte ich mit meinem Papa eine Wanderung. Nach einer Weile kamen wir an einer Weide mit drei Ponys vorbei.

3. Da ich Ponys sehr mag, fütterten wir die Ponys mit den Karotten, die wir uns mitgenommen hatten. Vor allem ein schwarzes Pony war sehr gierig. Als alle Karotten weggeputzt waren, wollte ich es an der Schnauze streicheln. Auf einmal schnappte es nach mir und biss mir in den Finger. Erschrocken sprang ich zurück.

2 Schreibe die Geschichte auf.

S.66 Arbeitsheft

3 Lies die Einleitung und den Schluss der Geschichte.

Am letzten Sonntag gingen meine Eltern mit mir
und meinem Bruder Felix in eine Ausstellung.
Zuerst fanden Felix und ich die Ausstellung langweilig.
Als wir aber vor einem großen Bild standen
und es genau anschauten, kam plötzlich ...
???????
„Da seid ihr ja endlich", sagte meine Mutter.
„Wir haben euch schon gesucht!"
Felix und ich grinsten uns an.
Dann fuhren wir alle gemeinsam nach Hause.

4 Lies diese Tipps und schreibe den Hauptteil selbst.
Mache dir zunächst Stichpunkte.

- Schreibe ausführlich. Was passiert genau?
- Wohin verschwinden die beiden Hauptpersonen?
- Du kannst die Personen sprechen lassen.
- Oft machen Adjektive die Geschichte interessanter.
- Achte auf die Zeit. Die Einleitung steht in der Vergangenheit.

5 Welche Stichworte stehen im falschen Teil?
Verbessere und schreibe die korrigierte Geschichte auf.

Einleitung: Jonas ins Freibad, Freunde Simon und Jana treffen,
Simons Mutter: „Bleib im flachen Becken!"

Hauptteil: Simon kann nicht schwimmen, spielen Fangen,
Simon springt ins tiefe Becken, Jonas springt hinterher,
Simons Mama erleichtert, Eis als Belohnung

Schluss: Jana landet neben Jonas und Simon, packt mit an,
Simon holt tief Luft, roter Kopf

Wörtliche Rede in Geschichten

1 Lies den Text.

Es ist Samstagmorgen.
Jonas macht sich auf den Weg
zur Bäckerei.
Unterwegs trifft er Julian
mit seinem jungen Hund Chako.
Chako springt an ihm hoch.
Gemeinsam rennen sie zur
nächsten Wiese und werfen
Chako Stöckchen zu.
Jonas vergisst völlig die Zeit.
Dann saust er los.
Zu Hause warten alle schon.

2 Lies die wörtliche Rede. Überlege, an welchen Stellen du die wörtliche Rede in den Text einsetzen kannst.

„Holst du uns Brötchen, Jonas?“, fragt Mama.

„Spiel mit uns!“, fordert Julian Jonas auf.

„Oh je!“, fällt ihm plötzlich ein. „Ich muss doch zum Bäcker.“

„Wenn's sein muss“, brummt er.

Er ruft noch: „Tschüss, ich muss weg!“

Mama schimpft: „Jetzt wird's aber Zeit. Wo warst du denn?“

3 Schreibe die Geschichte mit der wörtlichen Rede auf:
Es ist Samstagmorgen.
„Holst du uns Brötchen?“, fragt Mama. …

4 Lies die Geschichte. Was sagen Finn und Lara?
Schreibe die Geschichte ab und ergänze die wörtliche Rede:
Finn und seine Schwester …

Finn und seine Schwester Lara stöbern bei den Großeltern auf dem Dachboden. Lara entdeckt in einer Ecke eine geheimnisvolle Kiste.

Leider geht die Kiste nicht auf. Da hat Finn eine Idee.

Neben der Dachbodentüre hängen verschiedene Schlüssel.

Aber Finn versucht es alleine. Leider ohne Erfolg.

Lara nimmt ihm energisch die Schlüssel aus der Hand. Das Schloss knackt tatsächlich!

ruft
flüstert
fragt
…

5 Was ist in der Kiste? Wähle eine Möglichkeit und schreibe die Geschichte zu Ende.

Texte überarbeiten

1 Setze die passenden Satzanfänge ein und schreibe den Text ab. Mit dem Computer kannst du unterschiedliche Satzanfänge ausprobieren: *Neulich war …*

Da • Plötzlich • Deshalb

Erleichtert • Leise • Langsam

Neulich war Maria gerade auf dem Weg in die Schule.
___ sah sie hinter einem Zaun einen großen Hund.
___ bekam Maria Angst, denn der Zaun war niedrig.
___ traute sie sich nicht, an dem Garten vorbeizugehen.
Der Hund sah sie neugierig an.
___ fasste Maria Mut.
___ sprach sie mit dem Hund.
___ ging sie langsam am Garten vorbei.
Der Hund schaute Maria hinterher.

2 Schreibe den Text ab. Ersetze diese Nomen durch Pronomen. Unterstreiche die Pronomen:
Maria hatte große Angst …

sie • ihren • sie • ihn • ihrer • er

Maria hatte große Angst vor dem Hund.
Da kam die Besitzerin des Hundes.
Die Besitzerin sagte: „Mein Hund und ich gehen spazieren. Kommst du mit?“ Maria nickte.
Der Hund schnüffelte an Marias Beinen.
Mutig streichelte Maria den Hund.
Der Hund schleckte an Marias Hand.
Die Hundebesitzerin sagte zu Maria:
„Du brauchst keine Angst zu haben.
Der Hund lernt dich gerade kennen.“

S. 70 Arbeitsheft

3 Schreibe den Text ab. Ändere die Sätze so, dass sie nicht immer mit **Er** oder **Kevin** anfangen: Seit zwei …

Kevin | ist | seit zwei Jahren | Fußballtorwart.

Kevin | geht | jeden Mittwoch | zum Training.

Er | findet | es | dort | sehr anstrengend.

Er | ist | danach | oft | müde, aber zufrieden.

Kevins Mannschaft | spielt | am Wochenende | oft | gegen andere Mannschaften.

4 Es gibt verschiedene Möglichkeiten, den Satz umzustellen. Schreibe alle Möglichkeiten auf, die du findest: Kevin hat …

beim letzten | Fußballspiel | hat | Kevin | erfreulicherweise | alle Bälle | gehalten

5 Schreibe die Sätze ab. Ersetze gleiche Verben durch andere Verben aus den Wortfeldern **sehen** und **gehen**: Der Jäger beobachtet …

Der Jäger sieht die Rehe.
Der Künstler sieht sein neues Bild an.
Frederik sieht eine Maus unter dem Busch.
Die Kinder gehen hinter den Pferden her.
Die Indianer gehen vorsichtig durch den Wald.
Meine Eltern gehen durch die Stadt
und sehen sich Schaufenster an.

6 Schreibe alle Wörter zum Wortfeld **sagen** auf, die dir einfallen.

Gedichte

1 Lies das Gedicht.

Die Krähe trägt ein schwarzes Kleid
jahrein, jahraus und alle Zeit.
Tagtäglich krächzt sie: „Ich bin da!“
Mit krähenschwarzem Krak-krah-krah.

Josef Guggenmos

2 Wähle ein Tier. Schreibe das Gedicht um.
Gestalte ein passendes Schmuckblatt:
Der Esel trägt ein graues …

3 Diese Gedichtform nennt man Rondell. Schreibe das Gedicht ab.
Schreibe gleiche Zeilen mit der gleichen Farbe:
Ein kleiner Vogel sitzt im Busch versteckt.
Er zwitschert ohne …

Ein kleiner Vogel sitzt im Busch versteckt.
Er zwitschert ohne Unterlass.
Die Sonne streift die Blätter.
Ein kleiner Vogel sitzt im Busch versteckt.
Im Bachbett plätschert Wasser.
Am Ufer rascheln Mäuse.
Ein kleiner Vogel sitzt im Busch versteckt.
Er zwitschert ohne Unterlass.

S. 72 Arbeitsheft

4 Baue aus diesen Zeilen ein Rondell.
Wähle zuerst die Zeilen aus, die sich wiederholen sollen.

Pferde toben auf der Weide.

Wind treibt Wolken über den Himmel.

Regen wird bald fallen.

Sie schnauben und wiehern.

Die Luft ist kühl und feucht.

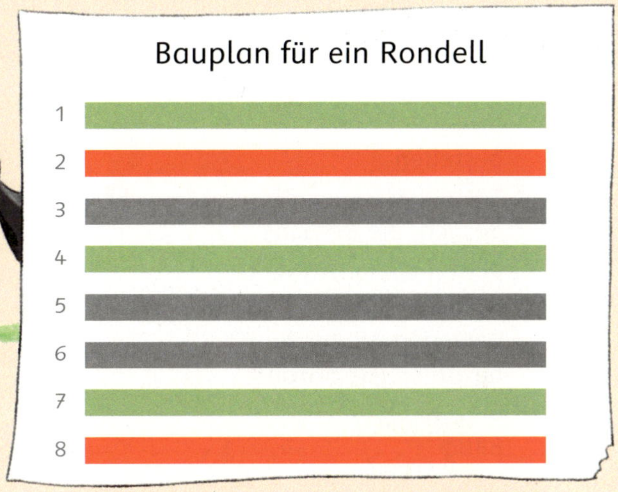

5 Wähle ein Thema. Schreibe ein Rondell nach dem Bauplan.
Schreibe zuerst den Satz für die Zeilen 1, 4 und 7.
Überlege dann, was noch zu diesem Satz passt.

Tiere

Jahreszeiten

Menschen

Wörterliste

A/a

abschneiden
ablehnen
ähnlich
alle
allein
alt
andere
ändern, sie ändert
der Anfang, die Anfänge
anfangen, er fängt an
ängstlich
der Apfel, die Äpfel
der April
die Arbeit, die Arbeiten
arbeiten, er arbeitet
ärgerlich
der Ast, die Äste
aufhören, er hört auf
aufpassen, sie passt auf
aufstehen, sie steht auf, er stand auf
der August
das Auto, die Autos

B/b

das Baby, die Babys
backen, sie bäckt
das Bad, die Bäder
baden, er badet
die Bahn, die Bahnen
bald
der Ball, die Bälle
der Ballon, die Ballons
das Band, die Bänder
die Bank, die Bänke
basteln, sie bastelt
bauen, sie baut
der Bauer, die Bauern
der Baum, die Bäume
der Baumstumpf, die Baumstümpfe
die Beere, die Beeren
das Beet, die Beete
beide
beißen, er beißt, er biss
beobachten, er beobachtet
der Berg, die Berge
der Bericht, die Berichte
berichten, sie berichtet
besser
bestellen
am besten
der Besuch, die Besuche
besuchen, er besucht
das Bett, die Betten
bewegen, sie bewegt
bezahlen, sie bezahlt
das Bild, die Bilder
billig
bitten, sie bittet
das Blatt, die Blätter
bleiben, er bleibt, er blieb
der Blitz, die Blitze
blitzen, es blitzt
blühen, sie blüht
die Blume, die Blumen
die Bluse, die Blusen
die Blüte, die Blüten
das Boot, die Boote
böse
brauchen, sie braucht
braun
breit
brennen, es brennt
der Brief, die Briefe
die Brille, die Brillen
bringen, er bringt, er brachte
das Brot, die Brote
die Brücke, die Brücken
der Bruder, die Brüder
brummen, sie brummt
das Buch, die Bücher
bunt
der Bus, die Busse
die Butter

C/c

der Computer, die Computer

D/d

danken, sie dankt
dann
darauf
daraus
darüber
decken, er deckt
denken, sie denkt, sie dachte
denn
deutsch
der Dezember
dick
der Dienstag, die Dienstage
dir
donnern, es donnert
der Donnerstag, die Donnerstage
dort
der Drache, die Drachen
draußen
drehen, er dreht
drei
das Dromedar, die Dromedare
drucken, er druckt
dunkel

dünn
durch
dürfen, er darf

E/e

die Ecke, die Ecken
eckig
ehrlich
einige
einmal
die Eltern
eng
entdecken, sie entdeckt
die Erde
erklären, er erklärt
das Erlebnis, die Erlebnisse
die Ernte, die Ernten
ernten, er erntet
erste
erzählen, sie erzählt
essen, er isst, er aß
etwas
euch
euer

F/f

fahren, sie fährt
das Fahrrad, die Fahrräder
die Fahrt, die Fahrten
fallen, er fällt, er fiel
falsch
fangen, sie fängt
fassen, er fasst
der Februar
fehlen, sie fehlt
der Fehler, die Fehler
die Feier, die Feiern
feiern, er feiert
das Feld, die Felder
das Fenster, die Fenster
die Ferien
fernsehen, er sieht fern
fertig
fest
das Fest, die Feste
festlich
fett
feucht
das Feuer, die Feuer
finden, er findet
der Fisch, die Fische
die Flasche, die Flaschen
das Fleisch
der Fleiß
fleißig
fliegen, sie fliegt, er flog
fort
fragen, er fragt
die Frau, die Frauen
der Freitag, die Freitage
fremd
das Fremdwort, die Fremdwörter
fressen, es frisst, es fraß
freuen, sie freut sich
der Freund, die Freunde
die Freundin, die Freundinnen
freundlich
der Frieden
frieren, er friert
frisch
froh
fröhlich
früh
der Frühling
der Fuß, die Füße
das Futter
füttern, sie füttert

G/g

ganz
der Garten, die Gärten
geben, er gibt, sie gab
der Geburtstag, die Geburtstage
gefährlich
gefallen, er gefällt, er gefiel
gehen, er geht, sie ging
gelb
das Geld, die Gelder
das Gemüse
genug
gestern
gesund
gewinnen, er gewinnt
das Gewitter, die Gewitter
glänzen, sie glänzt
das Glas, die Gläser
glatt
gleich
das Gras, die Gräser
gratulieren, er gratuliert
groß
grün
die Gruppe, die Gruppen
gruselig
der Gruß, die Grüße
grüßen, sie grüßt
die Gurke, die Gurken

H/h

das Haar, die Haare
haben, er hat, du hast
der Hahn, die Hähne
halten, sie hält, sie hielt
hängen, es hängt, es hing
hart
sie hatte
das Haus, die Häuser
heben, sie hebt, er hob
das Heft, die Hefte
heilig
heiß
heißen, er heißt
helfen, sie hilft
hell
heraus

der Herbst
herein
der Herr, die Herren
das Herz, die Herzen
heute
hier
der Himmel
hinaus
hinein
das Hobby, die Hobbys
hoch, hohe, höher
der Hof, die Höfe
hohl
die Höhle, die Höhlen
holen, er holt
das Holz, die Hölzer
die Homepage
hören, er hört
die Hose, die Hosen
der Hund, die Hunde
hungrig
hüpfen, sie hüpft

I/i

der Igel, die Igel
ihm
ihn
ihnen
ihr, ihre, ihren
immer
die Information, die Informationen
der Inliner, die Inliner
ins
die Internetseite, die Internetseiten

J/j

die Jacke, die Jacken
jagen, er jagt
der Jäger, die Jäger
das Jahr, die Jahre
der Januar
jeder
jetzt
der Juli
der Junge, die Jungen
der Juni

K/k

der Kaffee
kalt
der Kamm, die Kämme
kämmen, sie kämmt
die Kanne, die Kannen
die Karte, die Karten
die Kartoffel, die Kartoffeln
die Katze, die Katzen
kaufen, er kauft
kein
kennen, er kennt, sie kannte
die Kerze, die Kerzen
die Kette, die Ketten
das Kind, die Kinder
kippen, es kippt
der Kirchturm, die Kirchtürme
die Klasse, die Klassen
das Kleid, die Kleider
klein
klettern, er klettert
klopfen, sie klopft
der Koffer, die Koffer
kommen, er kommt, sie kam
können, sie kann
der Kopf, die Köpfe
der Korb, die Körbe
krank
der Kreis, die Kreise
die Küche, die Küchen
der Kuchen, die Kuchen
kühl
kurz

L/l

lachen, er lacht
die Lampe, die Lampen
das Land, die Länder
langsam
langweilig
lassen, sie lässt, sie ließ
das Laub
laufen, er läuft, sie lief
laut
leben, sie lebt
der Lebkuchen, die Lebkuchen
lecken, er leckt
lecker
leer
legen, er legt
der Lehrer, die Lehrer
die Lehrerin, die Lehrerinnen
leicht
lernen, sie lernt
lesen, er liest, sie las
letzte
leuchten, es leuchtet
die Leute
das Lexikon, die Lexika
das Licht, die Lichter
lieben, sie liebt
das Lied, die Lieder
liegen, er liegt, sie lag
links
das Loch, die Löcher
der Löffel, die Löffel
lösen, sie löst
die Luft, die Lüfte
luftig
lustig

M/m

machen, sie macht
das Mädchen, die Mädchen

der Mai
malen, er malt
manche
manchmal
der Mann, die Männer
das Märchen, die Märchen
der Markt, die Märkte
der März
die Maschine, die Maschinen
die Mathematik
das Meer, die Meere
das Mehl
mehr
am meisten
meistens
die Menge, die Mengen
der Mensch, die Menschen
messen, sie misst, sie maß
das Messer, die Messer
die Milch
die Minute, die Minuten
mir
der Mittag, die Mittage
die Mitte
der Mittwoch, die Mittwoche
mögen, er möchte
der Monat, die Monate
der Montag, die Montage
das Moos, die Moose
morgen
müssen, er muss
die Mutter, die Mütter
die Mütze, die Mützen

N/n

nächste
der Name, die Namen
die Nase, die Nasen
nass
natürlich
der Nebel
nehmen, er nimmt
nennen, sie nennt
neu
nicht
nichts
der November

O/o

oben
das Obst
offen
öffnen, er öffnet
ohne
das Ohr, die Ohren
okay
der Oktober
der Onkel, die Onkel
der Ort, die Orte

P/p

das Paar, die Paare
paar
packen, sie packt
das Papier, die Papiere
parken, er parkt
passen, es passt
die Pause, die Pausen
das Pferd, die Pferde
die Pflanze, die Pflanzen
pflanzen, er pflanzt
der Pflaumenkuchen, die Pflaumenkuchen
pflegen, er pflegt
pflücken, sie pflückt
die Pfütze, die Pfützen
der Pilz, die Pilze
das Plakat, die Plakate
der Plan, die Pläne
planen, sie plant
die Platte, die Platten
der Platz, die Plätze
plötzlich
das Poster, die Poster
die Presse, die Pressen
das Produkt, die Produkte
der Punkt, die Punkte
pünktlich
die Puppe, die Puppen
putzen, er putzt

Qu/qu

der Quark
die Quelle, die Quellen
quer

R/r

das Rad, die Räder
der Rand, die Ränder
der Raum, die Räume
rechnen, sie rechnet
rechts
der Regen
regnen, es regnet
reich
die Reihe, die Reihen
der Reim, die Reime
die Reise, die Reisen
reisen, er reist
reißen, sie reißt, sie riss
rennen, er rennt
richtig
riesig
der Ring, die Ringe
rollen, es rollt
der Roller, die Roller
rot
der Rücken, die Rücken
rufen, sie ruft
die Ruhe
ruhen, er ruht
rund

S/s

der Saal, die Säle
die Sache, die Sachen
sagen, sie sagt

das Salz, die Salze
sammeln,
er sammelt
der Samstag,
die Samstage
der Sand, die Sande
satt
der Satz, die Sätze
sauber
schaffen, er schafft
scharf
scheinen, sie scheint,
sie schien
schenken, er schenkt
schicken, sie schickt
schieben, er schiebt
das Schiff, die Schiffe
schlafen, er schläft,
sie schlief
schlagen,
sie schlägt,
er schlug
schlecht
schließen, er schließt
schlimm
schlüpfen,
sie schlüpfte
schmecken,
es schmeckt
der Schmetterling,
die Schmetterlinge
schmücken,
er schmückt
der Schmutz
schmutzig
der Schnee
schnell
der Schrank,
die Schränke
schreiben,
sie schreibt,
er schrieb
schreien, er schreit,
sie schrie
der Schuh, die Schuhe
die Schule, die Schulen
die Schüssel,
die Schüsseln
schwarz
schwer
die Schwester,
die Schwestern
schwierig
das Schwimmbad,
die Schwimmbäder
schwimmen,
er schwimmt
sechs
der See, die Seen
sehen, sie sieht,
sie sah
sehr
seit
selbst
senden, sie sendet
der September
setzen, er setzt
sieben, siebte
sie sind
singen, er singt
sitzen, sie sitzt
sollen, er soll
der Sommer, die Sommer
die Sonne, die Sonnen
der Sonntag,
die Sonntage
sparen, sie spart
der Spaß, die Späße
spät, später
spazieren, er spaziert
spenden, sie spendet
das Spiel, die Spiele
spielen, er spielt
die Spielsache,
die Spielsachen
spitz
der Sport
sprechen, er spricht
springen, sie springt
spritzen, es spritzt
stachelig
die Stadt, die Städte
stark
stecken, er steckt
stehen, sie steht,
sie stand
der Stein, die Steine
die Stelle, die Stellen
stellen, er stellt
der Stern, die Sterne
der Stift, die Stifte
still
der Stock, die Stöcke
stoßen, sie stößt,
sie stieß
strahlen, er strahlt
die Straße, die Straßen
der Streit, die Streite
streiten, sie streitet
das Stück, die Stücke
die Stunde, die Stunden
suchen, sie sucht
die Suppe, die Suppen
süß

T/t

die Tafel, die Tafeln
der Tag, die Tage
täglich
die Tante, die Tanten
tanzen, sie tanzt
die Tasche, die Taschen
die Tasse, die Tassen
tausend
der Tee
der Teig, die Teige
der Teller, die Teller
der Text, die Texte
tief
das Tier, die Tiere
der Tisch, die Tische
die Torte, die Torten

der Traum, die Träume
treffen, er trifft
trinken, sie trinkt
trocken
der Tropfen, die Tropfen
tropfen, es tropft
trüb
das Tuch, die Tücher
die Tür, die Türen
turnen, er turnt
die Tüte, die Tüten

U/u

üben, sie übt
über
die Übung, die Übungen
umziehen,
sie zieht um
und
unten
unter
sich unterhalten,
sie unterhält sich
untersuchen,
sie untersucht
unterschiedlich
der Urlaub

V/v

der Vater, die Väter
verfolgen, er verfolgt
vergessen,
sie vergisst,
sie vergaß
der Verkehr
sich verkleiden,
er verkleidet sich
verlieren, er verliert,
sie verlor
sich verpuppen,
sie verpuppt sich
verraten, sie verrät,
sie verriet
viel, viele
vielleicht
vier
der Vogel, die Vögel
das Volk, die Völker
voll
vom
von
vor
vorsichtig

W/w

wachsen, es wächst
die Wahl, die Wahlen
wählen, er wählt
wahr
die Wahrheit
der Wald, die Wälder
die Wand, die Wände
es war
warm
wärmen, sie wärmt
waschen, er wäscht
das Wasser
wecken, sie weckt
der Weg, die Wege
wehen, er weht
weich
Weihnachten
weiß
weit
weiter
welche
wenn
werden, sie wird
werfen, er wirft
das Wetter
wieder
die Wiese, die Wiesen
der Wind, die Winde
der Winter, die Winter
wir
wissen, er weiß,
sie wusste
die Woche, die Wochen
wohnen, sie wohnt
die Wohnung
die Wohnungen
die Wolke, die Wolken
wollen, sie will
das Wort, die Wörter
wünschen,
er wünscht

Z/z

die Zahl, die Zahlen
zählen, sie zählt
zahlreich
der Zahn, die Zähne
zeichnen, er zeichnet
zeigen, er zeigt
die Zeit, die Zeiten
ziehen, sie zieht,
er zog
das Ziel, die Ziele
zielen, er zielt
das Zimmer, die Zimmer
der Zoo, die Zoos
zuerst
der Zug, die Züge
zuletzt
zusammen

Wichtige Fachbegriffe

		Seite
Nomen	Nomen bezeichnen Menschen, Tiere, Pflanzen und Dinge. Nomen haben die Artikel der, die, das, ein, eine. Nomen können in der Einzahl und in der Mehrzahl stehen: der Tisch – die Tische, die Tafel – die Tafeln, das Heft – die Hefte.	6, 108
Pronomen	Nomen kann man durch Pronomen ersetzen: Maria – sie, Tim – er, Maria und ich – wir.	32
Verben	Wörter, die sagen, was jemand tut oder was geschieht, nennt man Verben: erwärmen, steigen, strömen.	12, 110
Grundform und Personalform	Verben haben eine Grundform: ziehen. Verben haben verschiedene Personalformen: ich ziehe, du ziehst, er/sie/es zieht, wir ziehen, ihr zieht, sie (alle) ziehen.	13, 110
Gegenwart und Vergangenheit	Verben zeigen an, von welcher Zeit erzählt wird: von der Gegenwart (heute) oder der Vergangenheit (früher). Gegenwart: Wir spielen. Vergangenheit: Wir spielten.	66, 114
Adjektive	Adjektive beschreiben, wie etwas oder jemand ist. Wenn Adjektive vor Nomen stehen, verändern sie sich: Der Acker ist leer. – der leere Acker	18, 118

		Seite
Vergleichsstufen	Mit Adjektiven kann man vergleichen. Grundform: Das Tagpfauenauge ist klein. 1. Vergleichsstufe: Der Kleine Fuchs ist kleiner. 2. Vergleichsstufe: Der Bläuling ist am kleinsten.	46, 120
Satzarten	Nach Aussagesätzen steht ein Punkt: Die Kinder spielen Ball. Nach Fragesätzen steht ein Fragezeichen: Spielst du mit? Nach Aufforderungssätzen steht ein Ausrufezeichen: Gib her!	7
Satzglieder	Ein Satz besteht aus mehreren Satzgliedern. Ein Satzglied kann ein Wort oder mehrere Wörter haben. Satzglieder kann man vertauschen: Leon und Malte sammeln eifrig Fußballbilder. Eifrig sammeln Leon und Malte Fußballbilder.	38, 124
Subjekt und Prädikat	„Wer oder was … ?“ findet das Subjekt. „Was tut … ?“ findet das Prädikat: Tatjana holt Erde.	52, 126
Wörtliche Rede und Redebegleitsatz	Was gesprochen wird, heißt wörtliche Rede. Sie steht in Redezeichen. Der Redebegleitsatz gibt an, wer spricht: Tom sagt: „Wir räumen das Klassenzimmer um.“ Redebegleitsatz Wörtliche Rede	26, 27, 128

Lernzusammenhänge in den Themenkapiteln

Kapitel	Sprechen und zuhören	Lesen – mit Texten und Medien umgehen	Schreiben (Texte verfassen)
Ich – Du – Wir S. 4–9	Spiel- und Konfliktsituationen beschreiben und im szenischen Spiel erproben; Körpersprache deuten; Sprechbeiträge situationsangemessen planen (4)	Arbeitsanweisungen lesen und verstehen (4–9); genau lesen (5); Verfahren zur Orientierung über einen Text nutzen: Bilder im Text (6); Texte genau lesen: Fließtext in Sätze gliedern (7); zentrale Textaussagen erfassen: Fragen zum Text beantworten (9)	passende Geschichtenanfänge auswählen; einen Geschichtenanfang fortsetzen (5) **Texte verfassen** SB (144), AH (62)
Herbst S. 10–15	durch Bilder angeregt über Herbstwetter sprechen, persönliche Wettervorlieben benennen; zu einem Herbsttag malen und schreiben (10)	Arbeitsanweisungen lesen und verstehen (10–15); Texte präsentieren: ein Gedicht auswendig vortragen; handelnd mit Texten umgehen: illustrieren; eigene Gedanken zu Texten entwickeln (11); genau lesen: passende Verben einsetzen (13)	ein Gedicht lesen, auswendig lernen und vortragen; den Ausgang der Geschichte malen und aufschreiben; ein Schreibziel suchen (11) **Texte verfassen** SB (154), AH (72)
Natur entdecken: Pflanzen S. 16–21	Beobachtungen wiedergeben; Sachverhalte beschreiben; Pflanzen entdecken und benennen (16)	Arbeitsanweisungen lesen und verstehen (16–21); Texte erschließen: Text mit eigenen Worten wiedergeben (17); genau lesen: passende Adjektive einsetzen (18)	Getreideprodukte sammeln; Texte lesen, Verständnisprobleme klären; Stichwörter notieren; mit Hilfe von Stichwörtern zu einem Bild informieren (17) **Texte verfassen** SB (134), AH (52)
Winter S. 24–29	persönliche Vorlieben erklären und begründen; über Weihnachtsbräuche in verschiedenen Ländern sprechen (24)	Arbeitsanweisungen lesen und verstehen (24–29); szenische Texte kennen (25); Texte präsentieren: Dialoge auswendig vortragen; bei Aufführungen mitwirken (26); Texte erschließen: gezielt Informationen suchen (28)	ein englisches Märchen lesen; fremdsprachliche Textteile übersetzen; den Inhalt einzelner Textabschnitte notieren (25) **Texte verfassen** SB (136), AH (54)
Das bin ich S. 30–35	Anliegen und Konflikte mit anderen gemeinsam diskutieren: Klischees diskutieren und hinterfragen; einen Fragebogen lesen und verstehen (30)	Arbeitsanweisungen lesen und verstehen (30–35); Sach- und Gebrauchstexte kennen: diskontinuierliche Texte (30); Kinderliteratur kennen (31)	über das Thema „Mädchen und Jungen" sprechen; Zustimmung und Ablehnung zeigen; Stichpunkte für einen Brief notieren; einen Brief schreiben (31) **Texte verfassen** SB (142), AH (60)
www.freizeit S. 36–41	zum Thema „Computer" Stellung nehmen; eine eigene Meinung äußern und begründen; Gesprächsregeln beachten; Rechtschreibprogramm thematisieren (36)	Arbeitsanweisungen lesen und verstehen (36–41); Verstehenshilfen anwenden: Wörter nachschlagen bzw. erfragen; Informationen in unterschiedlichen Medien suchen (37); genau lesen: Lückentext ergänzen (40)	Methoden der Informationsbeschaffung erproben: Internet, Bücherei; über unterschiedliche Medien zur Informationsbeschaffung diskutieren (37) **Texte verfassen** SB (132), AH (50)

Sprache und Sprachgebrauch untersuchen	Schreiben (Richtig schreiben)
Kennzeichen von Nomen wiederholen: Großschreibung, Artikel, Einzahl, Mehrzahl; Umlaut bei ausgewählten Mehrzahlformen (6); kommunikative Absicht erkennen und Äußerungen entsprechend betonen; Satzarten/Satzschlusszeichen wiederholen; Satzgrenzen erkennen; Großschreibung am Satzanfang anwenden (7) **Sprache untersuchen** SB (108), AH (26)	nach dem 1.–4. Buchstaben ordnen; in der Wörterliste nachschlagen **Arbeitstechniken** SB (86), AH (4)
Kennzeichen von Verben wiederholen; Verben nach semantischen Kriterien ordnen; in zusammengesetzten Nomen versteckte Verben entdecken (12); Grundform und Personalformen kennen lernen; Verben in allen Personalformen aufschreiben; Personalformen würfeln (13) **Sprache untersuchen** SB (110), AH (28)	Rechtschreibhilfe Wortverlängerung kennen lernen; auf Wörter aus dem Übungswortschatz anwenden (14) **Richtig schreiben** SB (96), AH (14)
Kennzeichen von Adjektiven wiederholen; Adjektive in Texten verwenden; zusammengesetzte Adjektive erklären (18); Brot und Gebäck als Grundnahrungsmittel thematisieren; Adjektive mit den Wortbausteinen -ig und -lich kennen lernen und selber bilden (19) **Sprache untersuchen** SB (118), AH (36)	Rechtschreibhilfe Wortverlängerung bei Adjektiven kennen lernen; auf Übungswörter anwenden (20) **Richtig schreiben** SB (98), AH (16)
wörtliche Rede und ihre Zeichensetzung kennen lernen; Szenen aufschreiben und proben; Intonation und Körpersprache einsetzen (26); Redebegleitsätze kennen lernen; Redebegleitsätze wörtlicher Rede sinnentsprechend zuordnen; Zeichensetzung bei wörtlicher Rede korrekt anwenden (27) **Sprache untersuchen** SB (128), AH (46)	Informationen aus verschiedenen Texten entnehmen: aus Sachtext, aus historischem Text; Wörter mit Dehnungs-h üben; Wortfamilien zusammenstellen (28) **Richtig schreiben** SB (104), AH (22)
Pronomen als Ersatz für Nomen kennen lernen; Umgang mit Pronomen in verschiedenen Texten anwenden (Personenbeschreibung, Rätselröllchen) (32); Wortstamm erkennen und unterstreichen; passende Endungen für Verben auswählen; passende Wortstämme auswählen, Wortfamilien erstellen (33) **Sprache untersuchen** SB (112), AH (30)	schwierige Wörter mit Mitlauthäufungen üben; zusammengesetzte Nomen mit sch-Lauten bilden; Wörter mit Pf/pf üben (34) **Richtig schreiben** SB (94), AH (12)
Satzglieder aneinanderreihen; verwürfelte Satzglieder zu Sätzen ordnen; mit dem Satzfächer üben: Satzglieder umstellen (38); Satzglieder eines Satzes mehrfach umstellen; Satzglieder zu Fragesätzen umordnen (39) **Sprache untersuchen** SB (124), AH (42)	Wörter mit doppelten Mitlauten zusammensetzen und in Lückentext einsetzen; Personalformen mit doppeltem Mitlaut bilden (40) **Richtig schreiben** SB (88), AH (6)

Kapitel	Sprechen und zuhören	Lesen – mit Texten und Medien umgehen	Schreiben (Texte verfassen)
Natur entdecken: Tiere S. 44–49	über ein Kunstwerk sprechen; Kunstwerke erstellen und dazu schreiben; Lernergebnisse präsentieren und besprechen (44)	Arbeitsanweisungen lesen und verstehen (44–49); zentrale Textaussagen erfassen: Fragen zum Text beantworten; Informationen in unterschiedlichen Medien suchen (45); gezielt einzelne Informationen suchen (46); genau lesen: passende Adjektive einsetzen (48)	wichtige Textinformationen zusammenfassen; Fragen formulieren und mit Hilfe unterschiedlicher Medien und Experten beantworten (45) **Texte verfassen** SB (138), AH (56)
Frühling S. 50–55	ein Bild genau betrachten; Beobachtungen wiedergeben; Sachverhalte beschreiben (50)	Arbeitsanweisungen lesen und verstehen (50–55); Texte erschließen: Text mit eigenen Worten wiedergeben (51); Verfahren zur Orientierung über einen Text nutzen: Bilder im Text (53); gezielt einzelne Informationen suchen (54)	Informationen aus einem Text entnehmen; Stichwörter notieren; Steckbriefe verfassen; sich über Texte nach Schreibkriterien beraten (51) **Texte verfassen** SB (140), AH (58)
Wie wir leben S. 56–61	Sprachen entdecken: Fremdsprachen; funktionsangemessen sprechen: argumentieren, was zu Deutschland gehört (56)	Arbeitsanweisungen lesen und verstehen (56–61); Texte genau lesen: Absätze sinnvoll ordnen (57); bei der Beschäftigung mit Texten Verständnis für Gefühle und zwischenmenschliche Beziehungen zeigen (58)	Einleitung, Hauptteil und Schluss einer Geschichte kennen lernen und umsetzen; über Verständigungsprobleme und Missverständnisse sprechen (57) **Texte verfassen** SB (148), AH (66)
Zeiten und Räume S. 64–69	aus dem eigenen Leben erzählen; zu Fotos oder Bildern von Lebensstationen erzählen; Erzählungen aus dem eigenen Leben vorbereiten (64)	Arbeitsanweisungen lesen und verstehen (64–69); Sach- und Gebrauchstexte kennen: Spielanleitung (66)	einen Text überarbeiten: Satzanfänge, Satzgliedstellung; Text über das eigene Leben schreiben; unterschiedliche Textentwürfe besprechen (65) **Texte verfassen** SB (152), AH (70)
Sommer S. 70–75	funktionsangemessen sprechen: Geschichten zu Bildern erzählen; erkunden und dokumentieren, wo Wasser vorkommt und gebraucht wird (70)	Arbeitsanweisungen lesen und verstehen (70–75)	Gedankensammlung als Anregung für eine Geschichte benutzen; Text zu einer Gedankensammlung schreiben; eine Gedankensammlung anlegen (71) **Texte verfassen** SB (146), AH (64)
Ich liebe Bücher S. 76–79	über Lernerfahrungen sprechen; eigenes Leseverhalten reflektieren; Buchgattungen kennen lernen und sich darüber austauschen (76)	Arbeitsanweisungen lesen und verstehen (76–79); unterschiedliche Textsorten kennen und unterscheiden; die eigene Leseerfahrung beschreiben (76); Kinderliteratur kennen (77); sich in einer Bücherei orientieren (79)	die Wirkung wörtlicher Rede in Texten erfahren; wörtliche Rede in einen Text einfügen (77) **Texte verfassen** SB (150), AH (68)

Sprache und Sprachgebrauch untersuchen	Schreiben (Richtig schreiben)
Texten über Schmetterlinge Informationen entnehmen; Funktion und Bildung von Vergleichsstufen kennen lernen (46); Rechtschreibhilfe 1. Vergleichsstufe kennen lernen; Adjektive mit dem korrekten Auslaut schreiben; Vergleiche zwischen Tieren vornehmen (47) **Sprache untersuchen** SB (120), AH (38)	Tierrätsel lösen; zu Verben mit nk und ng die Grundform finden; Wörter mit nk und ng in Lückentext einsetzen (48) **Richtig schreiben** SB (92), AH (10)
Sätze aus Satzgliedern bilden; Subjekt und Prädikat kennen lernen (52); Wörter mit doppelten Selbstlauten üben; Lückentext ergänzen, Wörterschieber; zusammengesetzte Nomen bilden (53) **Sprache untersuchen** SB (126), AH (44)	Ableitungswörter mit ä und äu im Text finden; Verben in die Personalform mit ä und äu setzen; passende Adjektive zu Wörtern mit ä finden (54) **Richtig schreiben** SB (100), AH (18)
zusammengesetzte Nomen aus zwei Wörtern trennen; zusammengesetzte Nomen aus drei Wörtern finden, trennen und selber bilden (58); Verben mit Wortbausteinen in einem Text finden; Veränderung der Wortbedeutung durch Wortbausteine erfahren; Wortbausteine in Lückensätze einsetzen (59) **Sprache untersuchen** SB (116), AH (34)	Herkunft und Bedeutung von Fremdwörtern kennen; ein Plakat mit fremdsprachlichen Wörtern anlegen (60) **Richtig schreiben** SB (106), AH (24)
mit Hilfe von Text und Bild ein Spiel von früher erklären; Zeitformen des Verbs kennen lernen; Spielregeln aufschreiben (66); Silbentrennung als Mittel der Zeilenausnutzung kennen lernen; Wörter nach Silben getrennt und Text mit Silbentrennung am Zeilenende aufschreiben (67) **Sprache untersuchen** SB (114), AH (32)	Wörter mit ih als Merkwörter einprägen; Nomen durch Pronomen mit ih ersetzen (68) **Richtig schreiben** SB (102), AH (20)
Stichwörter nach eigenen Vorlieben zuordnen; eigene Vorlieben ergänzen; eigene Vorlieben begründen (72); Wörter einer Wortfamilie unterstreichen; Wörter einer Wortfamilie bilden; Wörter nach Wortfamilien ordnen (73) **Sprache untersuchen SB** (122), AH (40)	Wörter mit tz und ck mündlich in Text einsetzen; Wörter mit ck und tz ordnen und als Reimwörter schreiben; Silbensprechen als Schreibhilfe anwenden (74) **Richtig schreiben** SB (90), AH (8)
Fachbegriffe zum Thema „Buch" kennen lernen und richtig verwenden (78); sich in einer Bücherei orientieren; unterschiedliche Textkategorien erkennen und zuordnen (79) **Sprache untersuchen** SB (130), AH (48)	

Jo-Jo

Sprachbuch 3

Erarbeitet von Frido Brunold, Susanne Mansour, Sandra Meeh, Henriette Naumann-Harms, Rita Stanzel, Monika Wolter, Martin Wörner

Fachliche Beratung zur Silbenstrategie Günter J. Renk

Unter Einbeziehung der Ausgabe von Frido Brunold, Erika Götz, Wiebke Heidkämpfer, Susanne Kelch, Henriette Naumann-Harms, Klaus Ohnacker, Kerstin Rahm, Monika Wolter Martin Wörner, Eva Wricke

Unter Beratung von Judith Baum (Olpe), Katharina Böer (Hannover), Ann-Christin Fischer (Marburg), Barbara Holstein (Koblenz), Karin Leutert (Singen), Melanie Probst (Konstanz), Catrin Puschmann (Visselhövede), Kirsten Ratzlaff (Rheinbach), Maike Teusen (Aachen), Franziska Triebswetter (Freiburg), Daniele Wagener (Melle), Marianne Wehrle (Kenzingen), Angela Witt (Hamburg)

Redaktion Elisabeth Wagner, Cornelia Ostberg
Bildredaktion Janin Hacker
Illustrationen Gabriela Silvera, Vera Schmidt
Umschlagillustration Sylvia Graupner
Gesamtgestaltung und technische Umsetzung Heike Börner

www.cornelsen.de

1. Auflage, 4. Druck 2013

Alle Drucke dieser Auflage sind inhaltlich unverändert und können im Unterricht nebeneinander verwendet werden.

Druck: Mohn Media Mohndruck, Gütersloh

ISBN 978-3-06-082601-8

Inhalt gedruckt auf säurefreiem Papier aus nachhaltiger Forstwirtschaft.